60! 이제부터
품격 있게 살기로 했다

60! 이제부터 품격 있게 살기로 했다

초판 1쇄 발행 2024년 8월 30일

지은이	후지하라 가즈히로
옮긴이	이용택
펴낸이	최현준

편집	홍지회, 강서윤
디자인	김소영

펴낸곳	빌리버튼
출판등록	제 2016-000166호
주소	서울시 마포구 월드컵로 10길 28, 201호
전화	02-338-9271
팩스	02-338-9272
메일	contents@billybutton.co.kr

ISBN 979-11-92999-51-7 (03180)

© 후지하라 가즈히로, 2024, Printed in Korea

근 사 하 고 지 혜 롭 게 나 이 드 는 법

60!
이제부터
품격 있게
살기로 했다

후지하라 가즈히로 지음 | **이용택** 옮김

빌리버튼 billy button

프롤로그

'인생은 곱셈이다.'

이 말은 제가 이 책에서 가장 전하고 싶은 한 가지 문장입니다. 인생은 덧셈도 뺄셈도 아닌, 서로 어울릴 것 같지 않은 두 가지를 곱하는 것입니다.

이 책을 손에 든 당신은 그동안 다양한 책을 읽고 수많은 사람들을 만났을 것입니다. 그리고 곧 퇴직을 앞두고 있거나, 퇴직 이후의 삶에서 혼란을 느끼는 세대라고 생각합니다. 어쩌면 당신은 40년 동안 회사에 속해 열심히 일했을지도 모릅니다. 당신이 회사에서 일한 40년은 격동의 시대였습니다. 호황을 누린 적도 있었고 불황에 빠져 어려웠던 적도 있었을 것입니다. 상사들에게 호되게

혼나기도 했을 것입니다. 이른바 '갑질'이라는 말이 없던 시절이었습니다. 그럼에도 조직 안에서 원하는 대로 승진하며 승승장구한 적도 있었을 테고, 때로는 좌절을 겪으며 불행에 빠진 적도 있었을 것입니다. 어쩌면 갑작스러운 질병이나 사고로 출세의 길이 끊긴 경험이 있을지도 모릅니다.

다양하고 빠른 기술혁신이 일어나면서 무선호출기는 휴대전화에서 스마트폰으로 바뀌었고, 타자기는 노트북을 거쳐 태블릿으로 바뀌었습니다. 이처럼 당신이 필사적으로 일하던 성장사회(한 나라의 전체적인 생산수준이나 국민소득이 증가해 경제의 기본적 지표가 높아지는 것)는 지각 변동이 일어나 성숙사회(인구 증가와 경제성장이 끝나고 정신적·문화적 성숙을 중시하는 사회)로 변했습니다. 일, 교육, 가족을 비롯한 당신의 인생과 관련된 온갖 분야에서 가치관이 확 달라졌습니다. 그래서 부모 세대가 갖고 있던 신념이나 이상은 시간이 지날수록 시대에 뒤처지는 관념이 되었습니다.

저는 전후 일본 사회가 만들어낸 사이보그형 인간입니다. 빠른 속도로 업무를 처리하는 데 능숙한 사람이 되도록 어릴 때부터 길러졌습니다. '빨리 해라', '똑바로 해라', '착한 아이가 돼라'라는 주문을 부모뿐만 아니라 학교와 지역사회에서도 귀에 못이 박히도록 들었습니다. 이 주문은 전국의 학교에 획일적으로 울려 퍼졌습니다. 그래서 '빨리, 똑바로, 착하게' 성장한 저는 성실한 직장인으로 일하게 되었습니다. 아마 여러분도 그랬을 것입니다.

저는 지금까지 90여 권의 책을 집필했습니다. 널리 읽힌 책으로는 《처생술》, 《언덕 위의 언덕》, 《인생 교과서》 시리즈 등이 있으며 경험을 바탕으로 썼다는 것이 공통점입니다. 이상론도 없고, 일방적인 강요도 없고, 탁상공론도 없습니다. 대신에 '빨리 똑바로 할 수 있는 착한 아이'로 자란 제가 시행착오를 거듭하며 가능성을 찾아내고 변화한 과정을 독자들과 공유하고 싶었습니다.

이 책에서는 '60세 이후'를 강조합니다. 왜냐하면 저는 60세를 우리 시대의 두 번째 성인으로 보기 때문입니다. 예를 들어 평균수명을 84세로 가정하겠습니다. 60~74세의 자유 시간이 하루에 11시간, 75~84세의 자유 시간이 하루에 5.5시간이라고 계산한다면, 여러분의 자유 시간은 총 8만 시간이 넘습니다. 그 시간은 40년 동안 일한 시간과 맞먹습니다. 60세 이후에 그렇게나 많은 자유 시간이 눈앞에 펼쳐져 있는 셈입니다.

즉, 20대에 처음 취업에 성공했을 때와 같은 출발선 위에 60세가 된 여러분이 다시금 서게 되는 것입니다. 더구나 이번에는 40년간 차곡차곡 쌓아온 능력과 경험을 그대로 살릴 수 있다는 게 장점입니다.

60세에 새로운 시대의 성인이 되는 여러분에게 자신의 '희소성'을 깨닫게 하는 것으로부터 시작합니다. 현재의 위치를 제대로 파악한다면 60세 이후의 새로운 여정에서도 마음껏 날개를 펼칠 수 있습니다. 그렇게 날아가서 닿는 섬은 당신만의 무인도입니다.

이 책은 단 한 명의 무인도에 깃발을 세우려는 당신을 위해 쓴 글입니다.

후지하라 가즈히로

CONTENTS

PART 2

돈 | 자신의 스토리를 풍부하게 만드는 도구

Part 1

희소성

자신을 귀하게
만드는 가치

여러분의 시급은
얼마인가요?

돈벌이의 의미

'돈벌이'라는 게 무엇일까요? 말 그대로 돈을 버는 일이라는 뜻입니다. 그렇다면 돈벌이의 본질은 무엇일까요? 수수께끼처럼 들릴지도 모르겠습니다. 쉽게 대답할 수 있을 것 같으면서도 좀처럼 대답하기 힘든 질문입니다. 그런데 이 질문에 대한 대답은 60세 이후의 인생을 가늠하는 데 중요한 열쇠가 됩니다. 회사나 조직이라는 울타리가 사라진 60세 이후에도 여전히 돈이 필요하며 돈벌이는 계속해야 하기 때문입니다.

저는 직장인을 대상으로 강연하는 자리에서 '돈벌이의 본질'이 무엇이냐는 질문을 수백 번 반복해 왔습니다. 집이나 학교에서는 던지지 않는 질문입니다. 막상 사회인이 되어서도 이 질문에 대해 곰곰이 생각해 볼 기회가 없습니다. 그래서 대부분의 사람은 이 질문에 대답하기 어려워합니다. 저 역시 회사의 부속품으로만 살아가던 시기에는 돈벌이의 본질을 깨닫지 못했습니다.

《60! 이제부터 품격 있게 살기로 했다》에서는 '돈벌이의 본질은 무엇인가?'라는 질문에서 이야기를 시작하려고 합니다.

〈직종별 연간 평균 임금〉 그림은 최저 시급을 기준으로 한 아르바이트부터 비슷한 직무를 묶어 직업을 대분류해 나누었습니다.

그림에서 가로의 가장 왼쪽에 있는 아르바이트는 최저 시급이 9,860원입니다. 근무 시간이 초과되거나 야간 근무를 한다면 주휴 수당과 야간 수당이 추가됩니다.

〈 직종별 연간 평균 임금 〉

(단위 : 천원)

최저 시급과 최고 시급의 차이
→ **10배** (한 시간당 창출하는 부가가치의 차이)

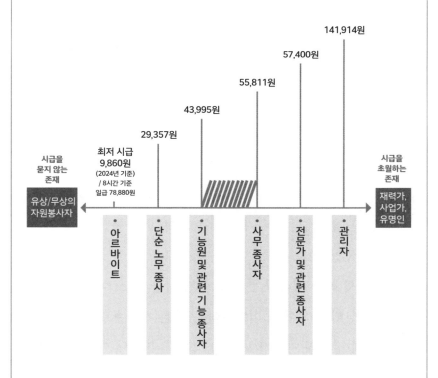

141,914원

57,400원

55,811원

43,995원

29,357원

시급을
묻지 않는
존재

최저 시급
9,860원
(2024년 기준)
/ 8시간 기준
일급 78,880원

시급을
초월하는
존재

유상/무상의
자원봉사자

재력가,
사업가,
유명인

아르바이트

단순 노무 종사

기능원 및 관련 기능 종사자

사무 종사자

전문가 및 관련 종사자

관리자

---

* **일러두기**

연간 임금 총액
정액급여(기본급+통상적수당+기타수당)+특별 급여(고정상여금, 변동상여금, 성과급 등)
초과급여(연장근로수당, 휴일근로수당 등)는 제외

임금직무정보 시스템(https://www.wage.go.kr)을 참고했습니다.
2023년 6월 기준 임금 수준으로 변환한 후 다시 연간단위로 환산(2023년 6월 기준 월급여×12개월)하여 분석한 기준입니다.
세부 직업과 상황에 따라 차이가 있을 수 있습니다.

다음으로 업무 관련 프로그램을 다루고 관련 자격증이 있다면 한 달 기준 240만 원 정도의 월급을 받을 수 있습니다. 가운데 구간에는 빗금이 그어져 있습니다. 회사원, 공무원, 교사 등 대부분의 직장인이 이 구간에 속해 있다는 뜻입니다.

더 오른쪽으로 이동하면 소위 고액 연봉이라 불리는 전문직을 가진 사람들이 속해 있습니다. 한 채의 집을 처음부터 끝까지 책임지고 설계해서 완성시킬 뿐 아니라 조경까지 멋지게 디자인할 줄 아는 건축가들처럼 말입니다. 유명한 변호사라면 통계로 나온 수치보다 클 수 있습니다. 물론 경영자나 투자가 중에는 그보다 더 높은 연봉을 받는 사람도 있습니다.

여기서 잠깐 생각해 봅시다. 최저 시급 9,860에서 연봉 1억 이상까지 차이가 벌어진다는 것은 시급으로 계산하면 10배 정도의 차이가 난다는 의미입니다. 왜 이런 차이가 발생하는 것일까요? 여기에 돈벌이의 본질이 숨어 있습니다.

여러분의 시급은 지금까지 어떻게 변화했나요?

연간 총 업무 시간을 산출하기 어렵다면, 대략 '하루 8시간×주 5일×년 52주=약 2,000시간'을 기준으로 삼으면 됩니다. 만약 여러분이 경영자였다면 회사를 운영하는 데 2,000시간으로는 어림도 없었을 것입니다. 경영자는 연간 2,400~3,000시간 정도는 족히 일하기 때문입니다.

만약 조직에 속하지 않고 독립적으로 일했던 사람이라면 업무 시간은 더 많을 것입니다. 하루에 10시간 동안 300일 일했다면 연간 3,000시간입니다. 하루에 12시간 동안 365일 내내 일했다면 연간 4,000시간에 달할 수도 있습니다. 이렇게 산출한 연간 총 업무 시간으로 연간 수입을 나누면 대략적으로 자신의 시급을 알 수 있습니다.

20대 당신의 시급은 얼마였나요?

30대 당신의 시급은 얼마였나요?

40대 당신의 시급은 얼마였나요?

50대 이후 당신의 시급은 얼마인가요?

시간이 흐름에 따라 여러분의 시급도 점진적으로 올랐나요? 의외로 시급은 생각보다 오르지 않았을 수도 있습니다. 연봉이 높아진다고 해서 시급도 그에 따라 반드시 높아진다고 할 수 없으니까요.

아마도 짐작건대 여러분의 시급은 어느 연령대에서든 15,000원에서 30,000원 사이에 놓여 있을 것입니다. 맞나요?

구체적인 수치를 다른 사람에게 공개할 필요는 없습니다. 중요한 것은 자신의 시급, 즉 한 시간당 창출하는 부가가치를 스스로 정확하게 알고 있어야 한다는 점입니다.

돈벌이의 본질

시급을 알게 되면 돈벌이에 숨겨진 의미가 눈앞에 서서히 드러납니다.

'돈벌이'라고 하면 '월급'이나 '연봉'만 떠올리기 십상입니다. 그러므로 월급이 20% 오르면 일단 기뻐하게 됩니다. 하지만 월급이 20% 오르더라도 전보다 30% 더 일하게 된다면 돈벌이의 효율 면에서는 분명한 퇴보입니다. 평소에는 그 부분을 알아차리기 쉽지 않습니다.

경제성장을 거듭하던 시절에는 무조건 돈을 많이 버는 사람이 돈벌이를 잘하는 성실한 사회인으로 평가받았습니다. 돈을 많이 벌기 위해서는 일을 더 오래 더 많이 해야 했습니다. 저도 그런 성실한 사회인 중 한 명이었고, 한때 무리해서 일하다가 몸과 마음이 망가진 적도 있었습니다. 업무에 치여 살다 보면 돈벌이를 주체적으로 하지 못할뿐더러 몸과 마음이 탈진해 돈벌이를 지속적으로 할 수 없게 됩니다.

그렇다면 어떻게 해야 할까요? 어떻게 하면 진정으로 자신의 시급을 높일 수 있을까요?

일의 강도를 높인다.
→ 편의점 아르바이트도 충분히 힘든 일입니다.
나이가 많아질수록 수입도 늘어난다.

→ 나이와 시급이 비례하지 않는다는 것은 수많은 사람들에 의
해 증명된 사실입니다.

기술을 익힌다.

→ 기술은 다양합니다. 프로그래밍 기술과 조경 기술을 같은 선
상에 놓고 비교할 수는 없습니다.

정답은 바로 '희소성'을 높이는 것입니다. 요컨대 당신
을 귀하게 만들어야 한다는 뜻입니다.

앞에서 소개한 〈직종별 연간 평균 임금〉 그림을 다시
살펴보겠습니다. 왼쪽 직종으로 갈수록 단순 업무입니다.
단순 업무의 대명사로 '맥잡McJob'이라는 단어가 있습니
다. 세계적인 패스트푸드 브랜드인 맥도날드에서 유래한
속어로 임금도 낮고 전망도 없는 일자리를 뜻합니다. 이
처럼 패스트푸드점 아르바이트는 기본적인 의사소통만
할 줄 알면 누구나 할 수 있는 일입니다. 이와 같은 단순
업무일수록 쉽게 도전할 수 있습니다. 다시 말해 자신의
희소성을 발휘할 여지가 사라지는 셈입니다.

반대로 오른쪽 직종으로 갈수록 희소성이 높아지며 가장 끝까지 간다면 아무나 대체할 수 없는 독보적인 존재가 됩니다. 혹시 눈치채셨나요? 희소성을 발휘할수록 시급은 오릅니다. 자신을 귀하게 만들면 〈직종별 연간 평균 임금〉 그림의 오른쪽으로 자연스럽게 이동하게 됩니다.

그런데 이 그림은 직종을 대분류로 나누어 평균 임금으로 부가가치를 나타낸 간단한 수치일 뿐입니다. 직업의 귀천, 중요도, 도덕적 가치 등을 비교하고 평가하는 것이 결코 아닙니다.

맨 왼쪽에 테레사 수녀와 같은 자원봉사자처럼 '시급을 묻지 않는 존재'라는 항목이 있다는 것이 그 방증입니다. 맨 오른쪽은 '시급을 초월하는 존재'입니다. 성공한 사업가, 유명 운동선수, 연예인 등이 이에 해당합니다. 요즘에는 인기 유튜버도 이 분류에 합류했습니다.

차근차근 생각해 봅시다. 그렇다면 희소성을 높이기 위해서는 무엇이 필요할까요? 어떻게 하면 자신을 귀하게 만들어서 그림의 오른쪽으로 움직일 수 있을까요?

함께에서 각자로 변하는 과정

과거의 성장사회에서 오늘날의 성숙사회로 이행한 지 벌써 사반세기 가까이 지나고 있습니다. 20세기의 성장 사회에서 21세기의 성숙사회로 이행하게 된 분기점은 아 시아 금융 위기가 발생한 1997년이었습니다. 코로나 사 태로 인해 그런 경향은 한층 더 강해졌습니다.

어떤 사람들은 이러한 변화를 깨닫지 못한 채 수십 년 을 그냥 흘려보내기도 합니다. 예전의 경험이 추억으로 기억에 남아서 새로운 사회에 적응하려는 자신의 발목을 잡기 때문입니다. 즉 성장사회에서 누렸던 달콤한 경험이 자신을 과거에만 머무르게 만드는 것이죠. 우리의 세포에 숨어 있는 성장사회의 프로토콜(컴퓨터와 컴퓨터 사이, 또는 한 장치 와 다른 장치 사이에서 데이터를 원활히 주고받기 위하여 약속한 여러 가지 규약) 을 해체하고 성숙사회를 살아가는 몸으로 탈바꿈하자는 것이 이 책의 의도입니다.

모든 것이 다양해지고 복잡해졌지만 또 변화하기 쉬워 졌다는 것이 성숙사회의 특징입니다. 고도성장이 정점을 찍은 1997년의 이듬해인 1998년을 성숙사회의 시작으로 볼 수 있습니다. 1998년은 미국에서 구글Google이 탄생한 해로 매우 상징적입니다.

성장사회에서 성숙사회로의 이행은 '모두 함께'에서 '각자 따로'로 변화하는 과정입니다. 격변의 고도성장 시대에는 모두 함께라는 집단적 분위기가 지배했습니다. 하지만 오늘날의 성숙사회에서는 그 효용을 잃고 각자 따로라는 가치관으로 형태가 바뀌고 있습니다.

예를 들어 과거에는 집집마다 전화기를 한 대씩 놓고 공용으로 사용했습니다. 그런데 휴대전화가 보급되면서 각자 전화기 한 대씩을 들고 다니게 되었습니다. 심지어 두 대 이상 들고 다니는 사람도 드물지 않습니다. 저마다 전화기를 사용하는 이유와 사정이 다르기 때문입니다. 전화기라는 매우 일상적인 도구는 모두 함께에서 각자 따로라는 필연적인 변화를 이룬 셈입니다.

예를 하나 더 들어볼까요? 우리 세대에서는 결혼식 답례품으로 웨지우드의 컵과 컵받침을 나눠주는 것이 유행이었습니다. 고급스럽고 예쁜 식기이지만 가정에서 일상적으로 사용하기에는 어울리지 않아 아이들 학교에서 벼룩시장이 열리면 매물로 내놓기 일쑤였습니다.

링벨Ringbell 주식회사는 이 점에 착안해서 사업을 벌였습니다. 낮은 금액부터 높음 금액까지 다양한 가격대에 따라 200~300종류의 상품을 구성했습니다. 그리고 한 권의 카탈로그로 정리해 결혼식 하객이 답례품을 직접 고를 수 있도록 한 것입니다. 답례품을 주는 사람과 받는 사람 모두 만족할 수 있는 방법입니다. 답례품 문화마저도 모두 함께에서 각자 따로로 변화한 사례입니다.

이처럼 우리 주변에는 수많은 변화가 일어나는 중입니다. '성장'에서 '성숙'으로 변화를 거듭할 때마다 사회는 더욱 다양하게 바뀌고 있습니다.

지금 우리에게 필요한 능력

'모두 함께' 하는 성장사회에서는 '정답'을 찾기 쉬웠습니다. 크고, 빠르고, 값싼 게 무조건 좋은 것이었습니다. 그래서 하나의 정답을 정해 놓고 잔뜩 주입시키는 교육이야말로 효과적이고 훌륭한 방식이라 여겼습니다.

정답을 빠르고 정확히 알아맞히는 능력을 저는 '정보 처리 능력'이라고 부릅니다. 이것은 시험에서 여러 선택지 가운데 하나를 고르는 능력으로 정형화된 시험을 통과하기 위한 수단이 됩니다.

성장사회에서는 이러한 정보 처리 능력만 높이면 회사원이든 공무원이든 성공할 수 있었습니다. 그렇기 때문에 과거의 교육은 학생들에게 정답 맞히기 훈련만 철저히 시킨 것입니다. 성장사회에서는 그것이 합당한 교육법이었는지도 모릅니다.

하지만 '각자 따로' 노는 성숙사회에는 '정답'이 존재하지 않습니다. 그러므로 정보 처리 능력은 더 이상 만능이 아닙니다. 정답이 없는 시대이기 때문에 지식, 경험, 기술로 정답을 찾으려고 하면 힘들어집니다.

앞으로는 지식, 경험, 기술을 활용해 방대한 정보의 홍수 속에서 필요한 정보만을 골라내는 것이 중요합니다.

그렇게 골라낸 정보를 스스로 납득할 수 있도록 편집하고 유용한 가설로 변형한 후 다른 사람을 설득할 수 있어야 합니다. 지식, 경험, 기술을 통해 하나의 정답을 찾는 것이 아니라, 정보를 편집해서 '다른 사람을 설득할 수 있는 가설'을 이끌어내는 힘을 저는 '정보 편집 능력'이라고 부릅니다.

1997~1998년은 성장사회에서 성숙사회로 대전환이 벌어진 시기였습니다. 하지만 눈에 보이지 않는 지각 변동을 알아차리는 사람은 많지 않았습니다. 과거의 영광과 달콤한 추억에 발목이 잡혀 있는 사람일수록 그 변화를 깨닫기 힘들었습니다.

저는 1990년대 초반에 영국과 프랑스에서 생활했습니다. 그 시점에 두 나라는 성숙사회로 이행한 상태였기 때문에 다행히 성숙사회를 미리 경험할 수 있었습니다. 영국과 프랑스는 회사에서나 가정에서 '무엇을 위해?'라는 질문이 선행하는 사회였습니다.

무엇을 위해 사는가?

무엇을 위해 일하나?

무엇을 위해 가정을 꾸리는가?

무엇을 위해 공부하나?

일상생활의 바탕에 이런 질문들이 항상 깔려 있었습니다. 스스로에게 던지는 질문이기 때문에 일상생활 속에서 자연스럽게 해답을 찾아 나갑니다. 주체적으로 자문자답하는 것입니다.

저는 일본으로 돌아와서 1996년에 다니던 회사를 퇴사하고 독립했습니다. 회사 인간에서 서서히 벗어나는 변화의 모습을 기록한 저의 첫 책 《처생술處生術》은 1997년 말에 출간되었는데 격동의 변화를 겪던 시대적 상황과 타이밍이 잘 맞았는지 뜻밖의 베스트셀러가 되었습니다. 생각해 보면 저는 20여 년 전부터 줄곧 '나답게 사는 법'을 제안하고 있습니다.

2020년 초부터 코로나 바이러스 팬데믹이 세계를 뒤덮었습니다. 이를 계기로 정답 없는 사회가 한 발짝 더 다가왔음을 실감했습니다. 이제 모든 사람이 정보 편집 능력을 익혀야 하는 시대가 열렸습니다. 앞으로 로봇, 블록체인, 인공지능이 주류가 될수록 정보 처리 능력이 아닌, 정보 편집 능력이 더욱 힘을 발휘할 것입니다. 정보 편집 능력을 활용해 각자의 '희소성'을 높여가야 하는 것이 우리의 현 위치입니다.

당신의 돈벌이는 '희소성'이 결정한다.
당신의 희소성은 '정보 편집 능력'이 결정한다.
앞으로 시대는 '희소성'과 '정보 편집 능력'이 중요해지는 방향으로 나아간다.

정답이 없는
질문

곱셉의 기술

이제 우리의 현 위치를 알았으니 앞으로의 대처법을 자세히 살펴보겠습니다. 객관적이면서도 반성적으로 자신을 되돌아보면 새로운 세상의 막이 오릅니다.

'정보 처리 능력'은 '머리가 돌아가는 속도'입니다. 반면에 '정보 편집 능력'은 '생각의 유연성'입니다. 머리도 빠르게 돌아가고 생각도 유연한 사람은 진정으로 똑똑한 사람입니다. 그런데 지금까지 수십 년 동안은 정보 처리 능력의 비중이 70% 이상을 차지하는 업무가 대부분이었습니다. 과거의 업무에서는 정보 처리 능력이 더욱 중요했던 게 당연했습니다.

하지만 정보 처리 능력만 활용하다 보면 생각이 틀에 박히고 머리가 점점 굳어지기 마련입니다. 정보 처리 능력은 기존의 방식을 별 비판 없이 재활용하는 수법이기 때문입니다. 스스로는 생각하고 있다고 느낄지도 모르지만, 사실은 머릿속에서 정보를 기계적으로 처리하고 있을 뿐입니다. 정보 처리 속도와 기억력으로 대표되는 정보 처리 능력은 나이가 들수록 점점 쇠퇴해감을 여러분도 분명히 실감하고 있을 겁니다.

한편 정보 편집 능력은 나이가 들수록 노련해집니다. 기계적인 처리 능력이 아니라 종합적인 편집 능력으로 정답이 없고 다양성을 존중하기 때문입니다. 정보 편집 능력은 혼자 생각하는 것이 아니라 남들과 머리를 맞대고 고민하는 힘입니다.

유연한 사고력은 다른 사람들의 뇌를 회로로 연결해서 다양한 정보를 이어주는 능력이라고도 할 수 있습니다.

다른 사람의 뇌와 자신의 뇌를 연결해서 생각을 확장하는 셈입니다. 회사 업무뿐 아니라 가정생활, 육아, 인생에 관해 고민할 때도 이렇게 확장해 연결한 뇌는 위력을 발휘합니다. 인생에는 회사 업무와는 비교할 수 없을 만큼 정답이 없기 때문입니다.

연결한다는 것은 무언가와 무언가를 '곱한다'는 뜻입니다. 즉 정보 편집 능력은 형태가 없는 것끼리 곱하는 '곱셈 기술'이라고도 말할 수 있습니다. 이 곱셈 기술의 센스를 익히는 것이 중요합니다.

이제부터 비장의 무기를 하나 소개하겠습니다. 제가 개발한 '3포인트 마법진'이라는 방법입니다. 저는 업무와 인생을 통해 배운 교훈을 이 방법에 녹여냈습니다. 그리고 수정을 거듭하며 점점 완성도를 높여가고 있습니다. 여러분 역시 3포인트 마법진을 자기 발전 도구로 사용해 보길 바랍니다. 100만 명 중 1명으로 만들어 줄 자신만의 희소성을 발견하게 될 것입니다.

당신은 10명 중 1명인 존재

당신은 틀림없이 이미 '10명 중 1명인 존재'입니다. 왜 그럴까요? 지금까지 이 책을 읽어왔기 때문입니다. 농담이 아닙니다. 그럼 다음 질문에 대답해 주세요.

① 날마다 도박에 빠져 사나요?
② 하루 종일 스마트폰을 손에 쥐고 있나요?
③ 최근 한 달 동안 책을 한 권도 읽지 않았나요?

여러분은 세 질문에 모두 '아니요'라고 대답했을 것입니다. 가끔 내기를 하더라도 취미나 기분 전환 정도이지 사행성 게임에 빠져 있지 않을 것입니다. 온종일 스마트폰 또한 붙들고 있지는 않을 것입니다. 도박이나 스마트폰에 중독된 사람이 현재 책을 읽고 있을 리가 없습니다. 지금 여러분은 이 책을 읽기 위해 시간을 내었고 적어도 한 달에 책 한 권은 읽고 있는 셈이기 때문입니다.

이 질문들은 '네/아니요'의 양자택일이기 때문에, 모두

'아니요'라고 대답했다면 다음과 같은 수식으로 표현할
수 있습니다.

$$\frac{1}{2} \times \frac{1}{2} \times \frac{1}{2} = \frac{1}{8}$$

이처럼 적어도 여러분은 $\frac{1}{2}$을 3번 곱한 $\frac{1}{8}$의 존재가 됩
니다. 즉 한 달에 한 권의 책을 읽고, 도박이나 스마트폰
에 중독되지 않았으니 약 10명 중 1명인 귀한 존재라고
할 수 있습니다.

그럼 $\frac{1}{2}$의 곱셈을 여러 번 거듭한다면 어떻게 될까요?
$\frac{1}{2}$을 7번 곱하면 $\frac{1}{128}$이 됩니다. 바로 이게 100명 중 1명
인 존재가 되는 방법입니다.

당신은 100명 중 1명인 존재

100명 중 1명인 존재는 어떤 사람일까요?
네 가지 유형으로 나누어 보겠습니다.

〈 당신은 어떤 유형인가요? 〉

권력
지향
(직장인)

연대감

경제 외의 가치를 중시하는
권력 지향의
공무원 유형

힘

경제적 가치를 중시하는
권력 지향의
사장 유형

경제 외의 가치	C	A	경제적 가치
	D	B	

가족, 친구,
개인적 활동,
사회 공헌을
중시한다.

급여, 연봉,
돈을 중시한다.

경제 외의 가치를 중시하는
독립 지향의
연구자 유형

경제적 가치를 중시하는
독립 지향의
자영업 유형

흥미

기술

독립
지향
(전문직)

세로축은 '조직의 권력에 의지하는 유형'인지, '전문적인 힘을 키우려는 유형'인지를 보여줍니다. 가로축은 '수입이나 금융 자산 같은 경제적 가치에 중점을 두는 유형'인지, '가족이나 흥미 같은 경제 외의 가치에 중점을 두는 유형'인지를 보여줍니다. 이 두 가지 축을 기준으로 '2×2 매트릭스'를 만들었습니다.

세로축의 위쪽은 조직의 권력에 의지하는 유형이고, 아래쪽은 전문적인 힘을 키우려는 유형입니다. 위로 올라갈수록 '권력 지향', '조직 지향'이 됩니다. 자기소개를 할 때 "△△ 회사에 다니는 ○○입니다"라고 소속을 밝히는 사람은 세로축의 위쪽에 해당할 가능성이 큽니다.

세로축의 아래쪽은 '독립 지향', '전문직 지향'이며 개인적인 기술을 연마해서 언젠가 독립하는 것을 목표로 삼는 유형입니다.

가로축의 왼쪽은 가족, 친구, 공헌 등 '경제 외의 가치'를 추구하고, 오른쪽은 '경제적 가치'를 추구합니다. 연봉을 높이는 것이 무엇보다 중요한 유형입니다.

과거에는 A유형인 사람이 많았습니다. 저 역시 입사한 후 A유형만을 바라보며 일했습니다. A유형을 예로 들어 설명을 이어가겠습니다. A유형인 사람에게 아래 네 가지 질문을 추가하겠습니다.

④ 회사에서 일하고 있나요?

⑤ 영업 능력, 프레젠테이션 능력, 교섭 능력이 있나요?

⑥ 틀에 박힌 사고, 매너리즘, 무사안일주의를 깨뜨릴 수 있나요?

⑦ 자신의 성향과 맞지 않는 상사가 있나요?

만약 모든 질문에 '네'라고 대답한다면 $\frac{1}{2}$을 총 7번 곱하게 되므로 100명 중 1명인 존재가 됩니다. 이것이 질적으로 100명 중 1명인 존재가 되는 방법입니다.

100명 중 1명인 존재는 한 분야의 전문가라고 할 수 있습니다. 그게 영업직이든 회계직이든 홍보직이든 기술직이든 어떤 분야의 전문가가 되려면 최소 1만 시간의 훈련이 필요하다고 생각합니다. 우리가 잘 알고 있는 '1만 시간의 법칙' 개념입니다. 이것이 양적으로 100명 중 1명인 존재가 되는 방법입니다.

하루에 3시간을 그 훈련에 쏟는다면 1만 시간을 채우는 데 약 10년이 걸립니다. 하루에 8시간을 훈련한다면 약 3년 만에 전문가의 경지에 도달할 수 있습니다.

이 책을 읽고 있는 여러분은 과거 수십 년 동안 일해 왔을 테니 분명히 1만 시간을 들인 분야가 있을 것입니다. 그렇다면 당신은 이미 전문가이자 100명 중 1명인 존재입니다. 길거리를 돌아다니다 마주치는 100명의 사람들 중에 영업 분야에서, 회계 분야에서, 홍보 분야에서 혹은 기술 분야에서 1만 시간의 경력을 쌓은 전문가는 당신뿐입니다.

$\frac{1}{100}$을 2번 곱하면 $\frac{1}{1만}$이 됩니다.

$\frac{1}{100}$을 3번 곱하면 $\frac{1}{100만}$이 됩니다.

'100명 중 1명'의 경력을 세 개 가지고 있다면 당신은 '100만 명 중 1명'의 존재가 될 수 있습니다. 이것만으로도 아무도 대체할 수 없는 '희소성'을 지닌 귀중한 존재입니다.

다만 그 경력은 시대에 맞는 시장가치를 지녀야 한다는 조건이 있습니다. 석탄을 때는 기술은 증기기관차 시대에는 활용할 수 있었지만 전철 시대에는 무용지물입니다. 그리고 전철을 운전하는 기술은 자율주행이 확산되면 쓸모없어질 운명에 처하게 됩니다. 즉 자신만의 희소성을 갖춘 무기는 필수인 셈입니다.

3포인트
마법진

첫 번째 포인트

    제가 개발한 '3포인트 마법진'을 소개할 차례입니다. 이것은 말 그대로 포인트 세 개로 그리는 마법진입니다. 각각 다른 경력 세 개를 곱해서 마법진의 면적을 최대한 크게 만듦으로써 100만 명 중 1명이라는 희소성을 얻는 방법입니다.

    사회 초년생으로 첫발을 내디뎠을 때의 기억을 떠올려

보겠습니다. 여러분은 어떤 조직의 어떤 부서로 발령을 받았나요? 회사원이든 공무원이든 첫 근무지는 보통 자신의 희망과는 다르게 정해집니다. 대부분의 사람에게 첫 경력은 우연히 발생한 일종의 사고입니다.

영업부에 배치받는다면 싫더라도 고객에게 열심히 다가가서 실적을 올릴 수밖에 없습니다. 자신의 성격이나 취향 따위는 고려 대상이 아닙니다. 남들과는 다른 특기가 있더라도 소용없습니다. 회계직이든 홍보직이든 기술직이든 모두 마찬가지입니다.

하지만 하루 3시간 집중해서 365일 동안 업무를 본다면 10년 만에 1만 시간을 채울 수 있습니다. 하루에 6시간 몰두한다면 5년 만에 1만 시간을 채울 수 있습니다. 5~10년 동안 한 업무를 꾸준히 지속하는 것만으로도 전문적인 기술을 자연스럽게 체화할 수 있는 셈입니다. 이러한 경험은 직장인이라면 누구나 해봤을 것이고, 여러분이 그 산증인입니다.

다시 말해, 당신은 이미 $\frac{1}{100}$이라는 포인트를 획득한 상태입니다. 그것이 마법진의 첫 번째 포인트가 됩니다.

두 번째 포인트

두 번째 포인트는 첫 번째 포인트와 다른 영역에서 다시 1만 시간을 채우는 것입니다. 예를 들어, 영업을 하다가 기획을 하고, 홍보를 하다가 마케팅을 하고, 회계를 하다가 재무를 하는 것입니다. 이것은 결코 어려운 일이 아닙니다. 조직 내에서 인사이동을 하면 자연스럽게 다른 경력을 쌓을 수 있습니다. 때로는 해외 근무나 이직을 통해 새로운 1만 시간의 경력을 채울 수도 있습니다.

두 번째 영역에서 또 $\frac{1}{100}$의 포인트를 획득한다면 이제 당신은 1만 명 중 1명인 존재가 됩니다. 1만 명 중 1명 정도의 희소성은 지금까지 성실하게 일해 온 사람이라면 누구나 지니고 있을 것입니다.

그런데 결혼과 육아로 일을 그만두고 전업주부로 살아온 사람도 있습니다. 가사노동의 경계적 가치를 금액으로 환산하면 연봉 몇 천만 원이라는 통계도 있습니다. 그러므로 이 경우에도 전업주부로서 1만 시간의 경력을 쌓았기에 마법진의 두 번째 포인트로 삼기에 충분합니다.

마법진의 첫 번째 포인트

당신은 이미 $\frac{1}{100}$ 이라는 포인트를 가지고 있다.

마법진의 두 번째 포인트

$$\frac{1}{100} \times \frac{1}{100} = \frac{1}{1만}$$

다른 영역에서 또 $\frac{1}{100}$ 이라는 포인트를 얻는다.

마법진의 세 번째 포인트

$$\frac{1}{100} \times \frac{1}{100} \times \frac{1}{100} = \frac{1}{100만} \text{!!!}$$

세 번째 포인트

이제 가장 중요한 세 번째 포인트입니다. 희소성을 얼마나 높일 수 있느냐는 모두 여기에 달려 있습니다.

저의 경우에는 두 번째 포인트까지는 순조로웠습니다. 처음 입사해서 영업부에 배치받았고, 영업 실무와 프레젠테이션 기술을 1만 시간에 걸쳐 습득해서 마법진의 첫 번째 포인트를 획득했습니다. 그리고 27세부터 37세까지 10년 동안 관리자로 1만 시간을 일했습니다. 이렇게 저는 1만 명 중 1명의 존재가 되었습니다.

그렇게 안주할 무렵 시행착오가 시작되었습니다. 다음 할 일을 좀처럼 찾지 못하고 방황했습니다. 다시 말해 마법진의 세 번째 포인트를 어디에 두어야 할지 정하지 못한 것입니다. 저는 세 번째 포인트를 37세부터 47세까지 10년에 걸쳐 정하게 되었습니다.

제가 방황한 이유는 세 번째 포인트를 두는 장소에 따라 마법진의 면적이 확연히 달라진다는 사실을 의식하고 있었기 때문이었습니다. 시행착오를 통해 무엇을 더 곱해야 희소성을 높일 수 있을지 고민이 필요합니다.

예를 들어, 첫 번째 포인트에서 경리 업무를 하다가 두 번째 포인트에서 재무 업무를 한 후, 관련 회사의 경리 부문으로 이직한 경우에는 아쉽게도 마법진의 면적이 넓어지지 않습니다. 세 번째 포인트가 이전의 첫 번째, 두 번째 포인트와 가깝기 때문입니다.

삼각형의 면적은 '밑변×높이÷2'로 수치화할 수 있습니다. 당연히 높이의 수치가 크면 면적이 넓어집니다.

돌이켜 보면 저는 30대 후반부터 40대 후반까지 10년 동안 밑변의 수치를 최대한 살릴 수 있는 높이를 찾아 저의 가능성을 모색하고 있었습니다.

'영업이나 관리직을 이대로 계속해 봤자 별 볼 일 없어. 오히려 점점 시장가치를 잃을지도 몰라.'

이런 생각이 든 저는 새로운 전망을 발견하고 싶다는 본능이 솟구쳤고, 세 번째 포인트를 둘 곳을 찾아 고민을 거듭했습니다.

전환점은 47세에 찾아왔습니다. 도쿄의 공립학교에서 민간 교장을 선발한다는 소식이 들려왔습니다. 평소 인간과 교육에 관심이 많았던 저는 이 기회를 놓칠 수 없었습니다.

47세부터 52세까지 5년 동안 교장 업무에 헌신했습니다. 그렇게 1만 시간 동안 몰두한 결과 100명 중 1명인 교장이 되었고, 이로써 저의 '3포인트 마법진'이 완성되었습니다. '영업과 프레젠테이션', '사기업의 관리직', '교장(비영리 분야의 관리직)'이라는 세 가지 포인트로 '100만 명 중 1명'이라는 저만의 진지를 구축한 셈입니다.

이제 확실히 알아차리셨나요?

삼각형의 면적이 바로 희소성입니다. 결국 마법진의 세 번째 포인트에서 무엇을 곱할지가 가장 중요하고, 이때 정보 편집 능력이 요구됩니다. 한마디로 말해 '곱셈의 센스'가 필요하다는 뜻입니다. 그것이 60대 이후에 나아가야 할 길을 결정합니다.

**서프라이즈가 있는 깃발을
세우는 자가 승리!**

올림픽 메달리스트 급의 존재

같은
$\frac{1}{100}$이라도

올림픽 메달리스트

세 번째 포인트

어느 쪽으로
펼쳐도 상관없는
평면적인 마법진

첫 번째 포인트

두 번째 포인트

세로 피라미드의
정상

느낌표를 더하는 선택

'3포인트 마법진' 그림을 살펴보겠습니다. 삼각형이 수평 방향으로 그려져 있습니다. 왜 그럴까요?

그 이유는 3포인트 마법진이 남들과의 경쟁이 아니기 때문입니다. 99만 9,999명의 다른 사람들을 물리치고 정상에 오르는 경쟁이 아니라, 어느 쪽으로 펼쳐도 상관없는 텐트나 보자기 같은 평면적인 진지입니다.

'수직vertical'이 아닌 '수평horizontal'의 진지를 떠올려 주세요. 즉 세 가지 경력이나 기술이 있다면 어떤 것이든 곱할 수 있습니다. 다른 사람과 경쟁하거나 비교할 필요가 없습니다. 그렇지만 세 번째 포인트가 여전히 중요하다는 것은 사실입니다.

가장 중요한 핵심은 자신과의 대화, 즉 스스로에게 물어보기를 원칙으로 삼는 것입니다.

저의 경우를 이야기해 보겠습니다. 도쿄의 와다중학교 교장으로 취임하려 했을 때 주변 사람들의 90% 이상 저를 말렸습니다. 이유는 당연했습니다. 무모한 도전으로 보였기 때문입니다.

'평생 회사만 다니던 사람이 갑자기 교장이 되다니!'

누구나 이렇게 생각했을 것입니다. 저는 상대방의 그런 '!'에 반발하고 싶어졌습니다. 희한하게도 저의 마음속에서도 점차 느낌표가 증식하기 시작했습니다. 의외성, 호기심, 그리고 도전 욕구가 샘솟았습니다. 느낌표가 머릿속에서 날아다니는 느낌은 오랫동안 잊어버리고 있던 감각이었습니다. 그때 저는 결정했습니다.

'아! 이거다! 한번 해보자!'

당시는 학력 저하가 심각한 문제로 떠오르고 공립학교가 침체된 상황이어서 처음에는 아무도 제 편을 들어주지 않을 것 같았습니다. 하지만 스스로 불구덩이에 뛰어드는 듯한 저의 무모한 도전을 도와주는 사람이 한두 명씩 등장하기 시작했습니다. 새로운 교가를 만드는 창의적이고 독특한 수업을 해주신 시인 다니카와 슌타로谷川俊太郎 씨와 그의 아들 다니카와 겐사쿠谷川賢作 씨, 노벨상 수상 직후에 대담을 위해 교장실을 방문해주신 고시바 마사토시

小柴昌俊 박사님도 계셨습니다.

불리한 도전을 하는 사람에게는 힘을 보태주고 싶어지는 게 인지상정입니다. 그러면 모두의 에너지가 결집해서 성공 확률이 높아지기 마련입니다.

비결은 '!', 즉 '서프라이즈'가 있어야 한다는 것입니다. 과감한 서프라이즈를 곱셈에 더하면 주변의 에너지를 모을 수 있습니다. 다음과 같은 조건을 바탕으로 한 서프라이즈라면 더욱 효과적입니다.

사회적인 요구가 있는 것
: 저의 사례에서는 교육 개혁과 학력 향상
공통의 목적 또는 합당한 명분이 있는 것
: 저의 사례에서는 공립학교에서도 풍요로운 학습권을 보장하고, 그것을 공동체의 어른들이 참가해서 실현하는 일

요컨대 자신의 마법진에 사회의 협력을 충분히 끌어오는 게 중요합니다. 이것이 저의 '3포인트 마법진'이 지닌 특징입니다.

경험은
돈을 초월한다

자신을 할인판매 하자

와다중학교 교장이 되고 연봉은 이전의 3분의 1로 줄어들었습니다. 줄어드는 연봉을 감수하는 대신에 교장이라는 새로운 직업이 생겼습니다. 요컨대 저는 스스로를 할인판매 한 셈입니다.

아주 어리석은 이직이라고 생각하는 게 당연합니다. 일반적인 이직은 고용자가 피고용자의 경력을 구매하는 형식이기 때문에 연봉이 늘어나는 경우는 많아도 줄어드는 경우는 매우 드뭅니다.

그런데 왜 저는 스스로를 할인판매 했을까요? 민간 기업에서 관리 업무를 익혔지만, 그 기술이 학교 운영에 그대로 통용될지 짐작할 수 없었습니다. 전혀 모르는 분야로 옮기는 것이기 때문에 오히려 일을 배우는 값을 치러야 한다고 생각했습니다. 새로운 분야에서도 1만 시간을 들여 꾸준히 업무를 배운다면 반드시 가능성의 싹이 틀 것입니다. 값을 치르는 한이 있더라도 현장에서 1만 시간 훈련할 기회를 놓치고 싶지 않았습니다. 그래서 스스로를 기꺼이 할인판매 할 수 있었습니다.

교장에서 퇴임한 2008년 봄에 갑자기 오사카부지사로부터 도와달라는 요청을 받았습니다. 오사카부지사의 특별 고문으로서 오사카부 산하에서 아동과 학생의 학력 향상을 위해 3년 동안 힘써달라는 요청이었습니다.

'도쿄의 와다중학교에서 쌓은 노하우가 오사카라는 다른 문화 속에서도 통용될까?'

저는 오직 그것이 궁금해 무보수의 조건으로 그 요청

을 받아들였습니다. 보수를 받게 되면 오사카부지사의 부하가 되어버리기 때문입니다. 때로는 지사에게 반기를 들어서라도 교육 현장의 생생한 목소리를 전달해야 하는 상황도 있습니다. 저의 의견을 밀어붙여야만 오사카 아이들의 미래를 바꾸는 게 가능하다고 판단했습니다. 그래서 누군가의 밑으로 들어갈 수는 없었습니다. 정말이지 할인판매의 극치라고 할 수 있겠네요.

결과적으로 저는 돈이라는 보상 대신에 경험이라는 보상을 얻었고, 그 경험은 날마다 놀라운 깨달음을 안겨주었습니다. 자신을 할인판매 한 것이 커다란 이득이 되어 돌아온 것입니다. 오사카부지사와 좋은 의미로 논쟁을 벌였던 일은 돈 주고도 배우지 못할 소중한 경험이었습니다. 돈보다 값진 경험이 있다는 사실을 가르쳐 준 진정한 학교는 와다중학교와 오사카부였습니다.

아이러니하게도 자신을 비싸게 팔려고 할수록 희소성을 잃어버립니다. 자신을 비싸게 팔려면 기존에 가지고 있던 기술을 어필해야 하는데 그렇게 되면 희소성을 개발

할 여지가 그만큼 줄어들기 때문입니다. 희소성을 높이기 위한 기회를 잡기 위해서는 자신을 의도적으로 할인판매하는 것이 중요하며, 때로는 가장 효과적인 방법이 되기도 합니다.

경험자로서 자신 있게 말씀드립니다. 경험은 돈을 초월하는 대상입니다. 미지의 체험을 할 수 있는 기회가 생긴다면 스스로를 믿고 과감하게 뛰어드세요. 그곳에서 반드시 여러분의 희소성이 탄생하고 가치 있는 경험으로 다듬어질 것입니다.

자신의 위치를 고르자

누구나 살 집을 구할 때는 신중하게 검토합니다. 그런데 일할 때나 사람과 만날 때 포지셔닝positioning에 세심한 주의를 기울이는 사람은 별로 없습니다. 하지만 위치position의 중요성을 잊어서는 안 됩니다. 희소성은 위치를 고르고, 위치는 희소성을 키웁니다. 그러므로 위치 선택은 인생의 가장 기본적인 전략입니다.

저의 경우를 이야기해 보겠습니다.

22세에 리크루트 주식회사에 취업한 것은 학교 동기와 아버지의 경력과는 정반대였습니다.

33세에 결혼하고 아이가 생긴 후 도쿄 도심을 떠나 시골로 이사했습니다.

37세에 해외로 이주하게 되었을 때, 세계 비즈니스의 중심인 미국이 아니라 철학의 도시 파리를 선택했습니다.

돌이켜 보면 늘 저의 위치를 스스로 선택하며 살아왔습니다. 위치 선택의 원칙이 있다면 현재와 미래를 동시에 생각하고, 위치 선택에 의해 변하는 것과 변하지 않는 것을 비교해 보기라고 할 수 있습니다. 변하는 것과 변하지 않는 것을 저울질하고 저에게 이로운 위치를 심사숙고했습니다.

집을 살 때도 위치가 중요하듯이 인생을 설계할 때도 위치가 중요한 법입니다. 그 위치에서 뿜어져 나오는 특유의 자기장 같은 것이 사람의 희소성을 다듬어 주는 경우가 있기 때문입니다. 개인의 희소성은 그것을 뽐낼 무대가 있어야만 비로소 의미를 지닙니다. 다음 행동을 일으키는 무대 장치로서 어떤 장소를 선택하고 어떤 포지셔닝을 하느냐에 따라 발휘하는 힘이 달라지는 법입니다.

저의 3포인트 마법진은 아직도 변화하는 중입니다. 다음 한 수를 두기 위해 항상 준비하고 있습니다.

3포인트 마법진의 삼각형을 다시 떠올려 주세요. 그리고 삼각형 가운데에 깃발을 꽂아보세요. 그다음 그 깃발의 길이를 수직으로 늘려보세요. 무엇이 보이기 시작하나요? 아마도 피라미드가 보이기 시작할 것입니다. 그렇습니다. 3포인트 마법진을 피라미드로 만드는 것이 저의 다음 한 수입니다.

가장 큰 관건은 깃발입니다. 저는 일본 교육 현장의 정답 지상주의를 깨뜨리겠다는 깃발을 세우고 20~30년에 걸쳐 이 피라미드를 높이려고 합니다. 바닥이 되는 마법진의 삼각형 면적은 희소성의 크기에 해당합니다.

그렇다면 이 마법진을 바닥면으로 삼고 입체화한 피라미드의 부피는 대체 무엇을 의미할까요? 바로 '신용도'로 당신에 대한 모든 믿음의 양을 뜻합니다. 피라미드의 부피는 인생 전체의 신용도를 나타냅니다. 커다란 피라미드를 만들기 위해서 삼각형 토대인 바닥 면적, 즉 희소성을 넓혀야 합니다.

이 점을 염두에 두고 제2장에서는 먼저 '돈'의 문제를, 제3장에서는 '가족'의 문제를, 제4장에서는 '죽음'의 문제를, 제5장에서는 '자립과 공헌'의 문제를 하나하나 깊이 이야기해 보겠습니다.

아시다시피 이것들은 모두 정답이 없는 문제입니다. 중요한 것은 정답을 찾는 것이 아니라, 소중한 사람들과의 관계 속에서 서로 납득할 수 있는 해결책을 이끌어 내는 것입니다. 이 책은 그 과제를 풀기 위한 참고서가 될 것입니다.

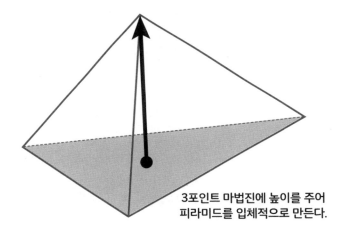

3포인트 마법진에 높이를 주어
피라미드를 입체적으로 만든다.

피라미드의 부피=신용도(당신에 대한 모든 믿음의 양)

PART 1. 희소성

돈벌이의 본질

돈벌이라고 하면 월급이나 연봉을 떠올리기 쉽습니다. 하지만 진정으로 시급을 높이려면 희소성을 키워야 합니다. 희소성을 높이면 아무나 대체할 수 없는 독보적인 존재가 되고, 시급 또한 자연스럽게 올라갑니다.

돈벌이는 희소성이 결정하고,
희소성은 정보 편집 능력이 결정한다

우리가 사는 시대는 하나의 정답이 정해져 있지 않습니다. 지식, 경험, 기술을 통해 정답을 찾는 정보 처리 능력은 더 이상 만능이 아닙니다. 앞으로는 정보를 편집해서 다른 사람을 설득할 수 있는 정보 편집 능력이 더욱 힘을 발휘할 것입니다.

곱셈의 기술

정보 편집 능력은 유연한 사고력으로, 나의 뇌와 다른 사람의 뇌를 연결해 다양한 정보를 이어주고 생각을 확장합니다. 즉 정보 편집 능력은 형태가 없는 것끼리 곱하는 곱셈 기술이라고도 말할 수 있습니다. 곱셈 기술의 센스를 익히면 60대 이후에 나아가야 할 길을 결정할 수 있습니다.

3포인트 마법진

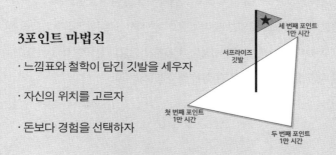

· 느낌표와 철학이 담긴 깃발을 세우자

· 자신의 위치를 고르자

· 돈보다 경험을 선택하자

3포인트 마법진을 자기 발전 도구로 사용해 보세요. 100만 명 중 1명으로 만들어 줄 자신만의 가치를 발견할 수 있습니다.

두 번째
성인식

2015년 가을에 스스로 기획한 환갑 기념 파티를 열었습니다. 파티 장소로는 도쿄 긴자의 레스토랑 오레노 프렌치 도쿄를 통째로 빌렸습니다. 맥킨지 일본 지사장으로 활약한 오마에 겐이치大前研一, 야후의 CEO 카와베 켄타로川邊健太郎를 비롯한 150여 명의 지인에게 일일이 연락해서 준비했습니다. 파티를 준비하면서 다음과 같은 생각을 했습니다.

* * *

60세는 앞으로의 시대에 새로운 '성인'입니다.

19세기까지의 '인생 40년 시대'에는 성인식을 15세에 치렀습니다. 그 후 수명이 늘어나서 '20세가 성인'이라는 인식이 퍼졌습니다. 그렇다면 현대와 같은 '인생 100년 시대'에는 '45세가 성인'이라고 해도 괜찮지 않을까요? 의학이 더욱 발전해서 120세까지 수명이 연장된다면 '60세가 성인'이라고 해도 충분히 설득력 있지 않나요?

그래서 저는 환갑 파티를 '두 번째 성인식'으로 여기기로 했습니다. '첫 번째 성인식'을 치렀던 20세에는 성인이 되었다는 실감도 없었고 특별한 변화도 없었습니다. 그렇기 때문에 더더욱 두 번째 성인식에서는 스스로를 제대로 축하해 주고 싶었습니다.

'60세가 성인'이라는 가설을 제 삶으로 직접 증명해 보이고 싶습니다.

성인이 되기까지 저는 어떤 인생을 살아왔을까요?

저는 1955년 도쿄에서 태어났습니다. 미국의 디즈니랜드가 탄생한 해이며, 일본에서는 지금의 도쿄 돔 시티인 고라쿠엔 유원지가 문을 연 해이기도 합니다. 바르샤바조약기구가 결성되어 냉전이 격화한 해로도 알려져 있습니다. 제가 태어났을 때 아버지는 법원에서 근무하고 계셨고 어머니는 전업주부셨습니다.

아버지는 전쟁 말기에 징병된 세대입니다. 아버지가 타고 있던 보급선이 대만 앞바다에서 격침되었지만 아버지는 구사일생으로 살아남았습니다. 법원에서는 전국의 법원 예산을 다루는 총무부에서 정년까지 일하다가, 정년 후에는 간이 법원의 판사로 이직해서 70세까지 근무하셨습니다.

어머니는 전쟁 기간에 아버지와 오빠를 잃었습니다. 어머니(저의 조모), 여동생과 셋이 살면서 우체국에서 일하셨습니다. 여동생의 직장이 법원이었던 게 인연이 되어 아버지를 만나 결혼하고 저를 낳으셨습니다.

제가 태어났을 때 전쟁의 흔적은 이미 사라져 가고 있었습니다. 물론 갓

난아기였던 저로서는 알 도리가 없었지만, 극심한 변화를 겪던 시절이었습니다. 전쟁으로 도시의 산업이 무너지면서 사람들은 1950년대 초반까지 지방으로 이동할 수밖에 없었습니다. 한국전쟁 특수를 맞이하면서 1950년대 후반부터 고도 경제성장의 물결을 타고 도시 지역으로 대규모 이동이 벌어졌습니다. 제가 태어난 도쿄는 대변화의 중심에 있었습니다.

저의 10대는 어땠을까요?

저희 집은 전후 일본의 전형적인 중산층 가정이었습니다. 당시에는 세타가야구 이케지리의 공무원 아파트에서 살았습니다. 철이 들었을 무렵부터 집안에 욕조, 냉장고, 세탁기, 금고, 전화, 스테레오, 텔레비전 등 다양한 신문물이 등장했습니다. 경제성장과 함께 생활도 편리하게 변했습니다.

제가 다닌 고등학교는 대학 학생운동의 불똥이 가장 먼저 튄 곳이었습니다. 그러나 학생운동의 흥분과 좌절을 몸소 경험하지 못했습니다. 전후 베이비붐 세대는 태어난 해가 비슷해서 함께 묶였을 뿐, 모두의 경험이 다 똑같은 것은 아닙니다.

그리고 평범한 대학생활을 보냈습니다. 아르바이트를 하고 학교 축제도 즐기며 해외여행을 다니기도 했습니다. 성실하게 공부한 편은 아니지만 그런대로 학점은 받았습니다. 그런데 3학년 가을부터 미리 취업 준비를 하면서 주변과 조금씩 달라지기 시작했습니다. 4학년이 된 해의 4월에는 졸업을 1년이나 앞두고 일찌감치 입사할 회사를 확정했습니다. 얼른 사회인이 되고 싶었습니다.

20대는 어땠을까요?

장기 아르바이트를 거쳐 리크루트라는 회사에 입사했습니다. 리크루트는 지금에야 연매출이 2조 엔을 넘는 유명 기업이지만, 당시에는 연매출 100억 엔가량의 벤처기업이었습니다. 대학 동기들이 대기업에 입사했기 때문에 저는 비웃음을 당했습니다.

저는 왜 리크루트에 입사했을까요? 왜냐하면 정해진 길에서 도망치고 싶었기 때문입니다. 어렸을 때부터 '빨리 해라', '똑바로 해라', '착한 아이가 돼라'라는 말을 귀에 못이 박히도록 들었습니다. 게다가 아버지는 성실한 사람의 표본이었습니다. 그러니 저도 충분히 성실할 수밖에 없었고 성실한 나에게서 항상 벗어나고 싶은 충동을 지니고 있었습니다. 어머니는 빠릿빠릿한 분이셔서 민첩함이 미덕이라고 저에게 각인시키셨습니다. 당시 시대 분위기 또한 착한 아이를 원하고 있었습니다. 일본의 교육 시스템은 착한 아이를 대량생산하는 것이었고, 저는 그런 시대의 흐름을 거역하고 싶어졌습니다.

정체를 가늠할 수 없는 회사인 리크루트에 취업한 것은 주변의 압력에서 스스로의 힘으로 벗어나려는 행동이었습니다. 눈에 보이지 않는 레일에서 벗어나는 느낌은 저를 흥분시켰습니다.

그러나 취직한 후에 얼마 지나지 않아 저는 회사의 훌륭한 부속품이 되어 있었습니다. 회사에서는 도전해야 할 대상과 명확한 규칙이 설정되어 있었습니다. 저의 흥미나 의사와는 상관없는 곳에서 승리를 쟁취하기 위해 최선을 다할 수밖에 없었습니다. 늘 윗자리로 올라가려고 발버둥을 쳤습니다. 학교에서 수많은 경쟁으로 단련되고 그 최종전이라고 할 수 있는 대학 입시를 극복한 저는 회사라는 경쟁 게임에서도 계속 이기려고 노력했습니다. 그리고 실적 게임과 승진 게임에서 승리해 나갔습니다. '빨리 해라', '똑바로 해라', '착한 아이가 돼라'라는 주문은 사회인이 되어서도 여전히 저를 옭아매고 있었습니다.

30대는 어땠을까요?

저에게 전환점이 찾아왔습니다. 30세에 심신증(심리적인 원인으로 신체에 일어나는 병적인 증상)의 일종인 '메니에르병'에 걸린 것입니다. 강렬한 어지럼증이 엄습하는 병으로 그것은 몸에서 보내는 무언의 경고였습니다.

체력에 자신 있다면서 맹렬하게 비즈니스의 최전선을 누비던 저에게는 아닌 밤중에 홍두깨였습니다. 어지럼증 자체는 주사를 맞으면 나아졌지만 점심 무렵에 머리가 띵해지는 후유증은 이후에도 계속해서 저를 괴롭혔습니다.

처음으로 제 삶을 되돌아보게 되었습니다. 저는 변화하려고 했습니다. 이제 와서 고백하자면, 몸이 고되다는 사실을 알면서도 실적 게임과 승진 게임에서 이기려고 너무 무리했습니다. 노력한 덕분에 30대라는 젊은 나이에 부장으로 승진할 수 있었지만 그 대신에 건강을 잃은 것입니다.

그 와중에 '리크루트 사건(1988년에 리크루트가 정치인에게 뇌물을 공여한 사건)'이 터졌고, 회사가 다이에이 그룹으로 흡수되기도 했습니다. 제가 사랑하는 회사인 리크루트의 위기였습니다. 제가 소중히 여겨온 조직, 제가 직접 채용한 젊은 직원, 제가 키워온 새로운 사업의 싹 등 지켜내야 할 것들을 위해 정신없이 일했습니다. 그즈음에 결혼도 하고 큰아들도 태어났습니다. 회사에서도 가정에서도 분주한 나날이 이어졌습니다.

나중에 생각해보니 메니에르병의 후유증에 시달렸던 이유는 제가 '두 명의 나'로 찢어져 있었기 때문이라고 생각합니다. '무리하면서까지 머니 게임에 참여하고 있던 나'와 '더 창조적으로 살고 싶어 하던 나'가 공존하고 있었습니다. 후유증은 5년이나 계속되었습니다.

이 모든 혼란의 매듭을 지을 기회가 37세에 찾아왔습니다. 실적 게임과 승진 게임에서 벗어나 가족과 함께 외국으로 달아난 것입니다. 약 2년 4개월 동안 영국과 프랑스에 머물렀습니다. 저로서는 출세의 길을 단념하겠다는 결단이었습니다. 신기하게도 그 무렵에 메니에르병의 후유증이 드디어 사라졌습니다.

영국에서 작은아들을 낳고 파리에서 딸을 낳으면서 가족은 다섯 명이 되었습니다. 유럽의 성숙사회에서 지낸 나날은 저에게 생각할 거리를 안겨주었습니다. 과거의 가능성을 버려야 미래의 가능성을 열 수 있다는 사실을 몸소 깨달았습니다. 뒷문을 닫아야 앞문이 열리는 법입니다.

저의 30대는 갑작스럽게 찾아온 병에 의해 최후통첩을 받고서, 어렸을 때부터 이어져온 '빨리 해라', '똑바로 해라', '착한 아이가 돼라'라는 주문에 대항해 필사적으로 몸부림치던 시기였습니다. 저는 어두운 바닷속 밑바닥에서 빛을 움켜쥐려 하고 있었습니다.

40대는 어땠을까요?

저는 18년간의 회사원 생활을 마감하고 40세에 리크루트에서 퇴사했습니다. 그리고 회사 역사상 최초의 펠로(fellow·전문 영역에서 활동하는 외부 파트너)가

되어 신규 사업의 출범을 담당했습니다. 유럽 생활에서 얻은 식견을 바탕으로 교육 영역에서 사업을 벌였습니다. 그것은 가족과의 관계를 중시하기 시작한 저에게 평생에 걸쳐 일궈나갈 절실한 업무 분야가 되었습니다.

또 데뷔작 《처생술處生術》이 엄청난 베스트셀러에 올랐습니다. 체험을 바탕으로 '내 삶의 주인공'으로 살기 위해 필요한 내용을 적은 책이었습니다. 직장인의 비애와 압박감이 담긴 책이었기 때문에 비슷한 경험을 한 사람들이 많이 읽었습니다. 그 이후로 작가로서의 업무도 늘어갔습니다.

47세에는 도쿄 의무교육 최초의 민간 교장으로서 스기나미구립 와다중학교의 교장이 되었습니다. 이 학교에서 본격적으로 실천한 '세상학과' 수업은 이후에 문부과학성에서 진행하는 '액티브 러닝Active Learning'의 본보기가 되었습니다. 또 학교 교사들이 본업에 집중할 수 있도록 지역 어른들, 대학생, 학원 강사의 힘을 모아 '지역본부'를 꾸렸습니다. 지역본부의 기능은 후에 '지역학교협동본부'라는 이름으로 일본 전국(총 3만여 곳의 공립 초중등 학군 중 약 60%인 1만 7,000여 곳의 학군)에 보급되었습니다.

뒤돌아보면 약 10년마다 커다란 변화를 거듭해 왔다고 할 수 있습니다.

20대에는 '회사 인간'으로서 성실히 일했습니다. 맹렬하게 일하는 직장인의 표본이었습니다. 아침부터 저녁까지 열심히 일하고, 열심히 놀고, 열심히 마시고, 사랑도 했습니다.

30대에는 병에 걸린 것을 계기로 '회사 내 개인'이라는 길을 모색했습니다. 배우자를 맞이하고 아이를 낳다 보니 저에게 소중한 것들이 늘어갔습니다. 유럽에 주재하며 성숙사회를 살아가는 프랑스인들의 풍요로운 가치관을 접하고 제가 걷고자 하는 길로 나아갈 용기를 얻었습니다.

40대에는 '회사 내 개인'을 더욱 추진해서 '회사 외 개인', '조직 외 개인'의 가능성을 개척한 시기였습니다. 회사와 대등하게 계약을 맺고 일하는 펠로 제도를 활용하면서부터 독립적으로 일하고 생활하기 시작했습니다. 회사나 조직에 속박되지 않고 저만의 삶을 추구했기 때문에 중학교 교장이라는 임무도 맡을 수 있었던 것입니다.

50대는 어땠을까요?

제가 부임했을 때 와다중학교는 전교생이 169명에 불과해 스기나미구에서 규모가 가장 작은 학교였습니다. 하지만 5년 임기가 끝날 무렵 전교생이 300명 안팎이 되었고, 이후 후임 민간 교장 밑에서 스기나미구의 최대 학교로 거듭났습니다. 스기나미구 23개 학교 중 21위였던 성적은 1위로 뛰어올랐습니다.

교장 임기를 마치고 52세가 된 저는 '교육 개혁 실천가'를 자처하게 되었습니다. 마침 그 무렵, 하시모토 도루橋下徹 오사카부지사의 요청을 받고 오사카로 달려갔습니다. 그리고 저는 오사카부의 교육 개혁 담당자로서 55세까지 특별 고문으로 일했습니다.

강연 활동도 늘었습니다. 제가 직접 겪은 실패나 성공을 바탕으로 당장 실천할 수 있는 내용만 강연했습니다. 평판이 쌓이면서 연간 100일쯤 강연하기 위해 전국을 돌아다니게 되었습니다. 직장인들이 다니는 GLOBIS 경영대학원 대학에서 강연한 동영상은 유튜브에 올라오자마자 순식간에 화제가 되었습니다. 그 동영상은 후에 조회수 200만 회를 넘겼습니다.

경험을 바탕으로 쓴《언덕 위의 언덕_55살까지 해두어야 할 55가지》는 판매 부수 12만 부를 넘기며 큰 호응을 얻었습니다. 저와 비슷한 상황에 놓인 동시대 독자 분들이 많았습니다. 한편 호리에 타카후미堀江貴文 니시노 아키히로西野亮廣처럼 저보다 훨씬 아래 세대에게서 제 경력과 인생의 방법론을 평가받는 일이 늘어갔습니다. 특히《후지하라 가즈히로의 1%의 사람이 되는 법》은 그들을 통해 20~30대에도 퍼졌습니다.

50대에 저희 부부는 테니스 커뮤니티에 참여하고 아침 요가도 시작했습니다. 예전처럼 한곳만 바라보며 나아가는 인생이 아니라, 여러 곳으로 뻗어나가는 인생을 살고 있습니다. 탄탄한 토대인 본업을 발판으로 삼고, 여러 방향으로 에너지를 발산하는 생활 방식을 실천하는 중입니다.

지금까지의 인생은 '빨리, 똑바로, 착하게'라는 속박을 스스로 풀어냈던 시간이었습니다. 그리고 이제는 다른 사람에게 제 깨달음을 함께 공유하고 있습니다. 여러 번의 실패를 거듭하며 웃고 울었던 날들이 다른 사람들의 공감을 불러일으키며 퍼져나갔습니다. 그리고 수많은 동료가 생겼습니다.

교육 분야에서는 '정답 지상주의, 복지부동, 무사안일주의'를 배제하는 것이 저의 개혁 임무입니다. 시간이 흐르고, 성장사회에서 성숙사회로 변화가 일어나고 있음을 깨닫는 사람들이 늘어나면서 저를 지지하는 분들 또한 점점 많아졌습니다.

당시 '두 번째 성인식'을 앞두고 회상했던 에피소드입니다. 자신이 걸어온 길을 되돌아보는 하나의 사례로 참조하기를 바라는 마음에서 이 책에 인용했습니다. 지금까지 온 길을 되돌아보고 정리하는 일은 앞으로 나아가기 위한 가속 페달입니다. 그와 동시에 자신을 더 깊이 이해하기 위한 '자신과의 대화'이기도 합니다.

* * *

60세 환갑은 두 번째 성인식입니다. 다시 말해 제2의 인생을 다시 시작하는 것입니다. 다시 태어나는 날과 마찬가지입니다.

제2의 인생에는 어떤 도전을 준비하고 있나요?

여러분의 새 출발을 축하합니다.

Part 2

돈

자신의 스토리를
풍부하게 만드는 도구

신용이란
무엇일까요?

60세부터 필요한 돈

두 번째 성인식 60세. 그 출발선에서 불안을 느끼는 이유는 무엇일까요?

'인생 100년 시대'라는 표현이 채 익숙해지지도 않았는데, '인생 120년'이라는 소리마저 간간이 들려옵니다. 60세라고 해도 앞으로 남은 인생이 창창합니다. 이때 느끼는 불안의 정체는 무엇일까요?

그 불안의 이유가 돈일까요? 맞습니다. 돈에 대해 불안하지 않은 사람은 정말 드물 것입니다.

그 불안의 이유가 가족일까요? 당연합니다. 때로는 회사 업무보다 더 어려운 것이 가족 관계입니다.

그 불안의 이유가 죽음은 아닐까요? 물론입니다. 살아 숨 쉬는 생명인 이상 죽음은 영원한 숙제입니다.

이 모든 이유에 대해 지금부터 차근차근 함께 이야기해 보겠습니다.

60세 이후 30년 정도의 삶을 편안하게 살기 위해서는 돈이 얼마나 필요할까요?

2019년 일본에서는 '노후 자금 2,000만 엔 문제'가 화제가 된 적이 있습니다. 2019년 6월 금융청에서는 〈고령사회의 자산 형성·관리〉라는 보고서를 공표하면서 '공적 연금만으로는 노후를 보내기에 약 2,000만 엔이 부족하다'고 밝혔습니다. 근거가 된 수치는 총무성 통계국이 매년 실시하는 〈가계조사 연보〉입니다. 이를 바탕으로 월 실제 수입액과 실제 지출액의 차액을 30년이라는 기간에 맞게 환산한 것이었습니다.

실제로 사용한 데이터는 2017년의 수치입니다. 고령 부부(남편 65세 이상, 아내 60세 이상) 무직 가구의 가계 수지는 매달 약 5만 5,000엔 적자입니다. 그래서 30년으로 따지면 약 1,980만 엔의 적자가 난다는 계산입니다. 이것이 바로 '노후 자금 2,000만 엔 문제'로 알려졌습니다. 문제가 불거지자 금융청은 이 보고서를 부랴부랴 철회했습니다.

　코로나 팬데믹도 지나간 앞으로의 세상에서는 실제로 어느 정도의 금액이 필요할까요?

　'있으면 있는 대로, 없으면 없는 대로' 쓰는 게 돈의 본질입니다. 그러므로 굳이 자잘한 것에 연연하지 말고 대략적으로 계산해 봅시다. 제 경험상 대국적인 시야와 단순한 경제 감각으로 윤곽을 잡아나가는 것이 인생 설계의 기초가 됩니다.

　'고령 부부 가구'를 기준으로 이야기해 보겠습니다. 가장 먼저 가계비 지출을 분류하고 파악해야 합니다. 가계비는 크게 주거비, 자녀 교육비, 기타 생활비(식비, 문화비, 의료비 등 포함) 세 가지입니다.

〈 한 달 수입과 가계비 지출 목록 〉

기준 : 남편 65세 이상, 아내 60세 이상 은퇴 부부

수입	연금 등 국가나 공공 단체에서 주는 돈	
지출	주택, 수도, 전기 및 난방비	
	식비	
	교육비, 문화비	
	교통비, 통신비	
	의료비	
	세금	
	기타	

여러분의 상황에 맞게 목록에 따라 금액을 상정해 계산해 보세요.

그런데 60세 이후에 주택 구입 자금 대출을 다 갚아 남은 빚이 없다면 주택 관리비(수선비)만 들어가기 때문에 주거비가 많이 들지 않습니다.

물론 대규모 리모델링 공사를 할 수도 있겠지만 예외인 경우로 여기에서는 다루지 않겠습니다. 만약 주택을 임대해서 거주하는 경우라면 그 비용은 따로 생각하기로 하겠습니다. 자녀가 성인이 되어 독립한 경우라면 교육비도 사라집니다. 그렇다면 매월 수도, 전기, 난방비 등의 관리비가 주된 지출이 될 것입니다.

문제는 기타 생활비입니다. 월 생활비 목록으로는 식비, 교육비, 문화비, 교통비, 통신비, 의료비, 그리고 세금과 그 외의 지출이 있습니다. 그러면 여러분의 환경, 생활 수준, 소비 패턴 등을 바탕으로 매월 생활비 지출이 대략 어느 정도 되는지 가늠할 수 있습니다.

이 생활비를 주거비와 합산한다면 총 가계비를 예상할 수 있습니다. 결코 사치스러운 생활이 아님에도 불구하고 꽤 많은 금액의 돈이 필요하단 걸 알 수 있습니다.

반면에 수입은 어떨까요? 여기에서는 연금처럼 국가나 공공 단체에서 주는 사회보장비를 주요 수입원으로 살펴보겠습니다. 주식 배당 수입이나 부동산 임대 수입은 없는 것으로 가정하겠습니다. 평균적인 사회보장비를 기준으로 한다면 은퇴 후의 고령 부부가 생활하기에 매월 약간의 적자가 생길 수 있습니다. 사치 부리지 않는다는 가정하에 단순 계산을 하더라도, 물가상승률을 고려하면 부족한 경우가 더 많을 것입니다.

이 차액을 메우기 위해 지금까지 모은 저축액을 소비하면서 살게 됩니다. 별도 수입이 있어서 흑자라면 상관없지만 적자라면 그 액수만큼 노후를 위해 모아야 하는 셈입니다. 그렇기에 60세 시점에서는 보통 '30년분'의 미래를 상정해 두는 것이 좋습니다.

그런데 3년에 한 번 정도는 해외여행을 가고 싶어질지도 모릅니다. 노후에는 그 정도의 금액을 추가로 상정해 두는 것도 좋습니다. 왜냐하면 이런 상황을 고려해 추정한 돈은 언제든지 의료비나 간병비로 바뀔 수 있기 때문입니다.

젊었을 때와 달리 나이가 들면 예상하지 못한 지출이 늘어나기 마련입니다. 건강보험만 믿고 있어서는 생각지도 못한 의료비 지출에 휘청거릴 수도 있습니다. 그러므로 일정 금액 이상 정도는 60세 이후의 인생을 위해 저축할 필요가 있습니다.

인생은 신용 게임

돈에 대해 다음 두 가지 관점으로 접근해 보겠습니다.

수입의 본질은 무엇인가요?
지출의 본질은 무엇인가요?

돈을 '수입'과 '지출'로 나누어 생각해야 합니다. 자신의 인생을 하나의 사업 아이템이라 생각하고, 사업 구상을 해보는 것이라고도 할 수 있습니다.

인생이 사업이라면 우선 현황 파악이 필요합니다. 아래

의 질문을 스스로에게 던져봅시다.

"지금 당장 얼마를 빌릴 수 있나요?"

이 말은 곧 "당신은 최대한 얼마까지 빚을 질 수 있나요?"라는 질문입니다. 여기서 본질적으로 묻고 있는 것은 당신의 '신용도'입니다.

세상에는 신용을 받는 사람과 신용을 받지 못하는 사람이 있습니다. 각각의 신용도를 가령 1~100단계로 나눈다면 신용도가 1인 사람은 돈을 빌릴 수 없습니다. 반대로 신용도가 100인 사람은 어쩌면 조 단위의 빚도 낼 수 있을지 모릅니다.

돈뿐만 아니라 업무도 마찬가지입니다. 업무를 부탁하고 받아들이는 상호 관계에도 눈에 보이지 않는 신용도가 영향을 미칩니다. 경험이 부족하거나 언뜻 실력이 모자라 보이더라도 당사자의 성실함만 믿고 큰일을 맡기는 경우도 있습니다. 요컨대 얼마나 믿을 수 있는 사람인지가 중요한 것입니다.

신용이란 남들로부터 얻은 신임의 총량이라 할 수 있

습니다. 신임의 총량이 클수록 더 큰일을 맡을 수 있고 선택의 폭 또한 넓어집니다. 즉 다른 사람들로부터 신임을 받을수록 삶의 자유도는 높아지고, 자신이 하고 싶은 일을 이루기 쉬워지는 것입니다. 인생에서 신용은 타인과의 관계를 바탕으로 한 상대적 가치 척도입니다. 인생이라는 게임을 주체적으로 플레이하기 위해서는 신용을 끊임없이 높여가야 합니다.

그럼 신용을 실제로 계산해 보겠습니다.

예를 들어 정치인은 신용의 수치를 어떻게 나타낼까요?

정치인의 신용 수치는 '선거에서 얻은 득표수'입니다. 선거란 나를 대신해서 정치를 맡아달라는 국민의 요청이기 때문에 얼마나 많은 유권자에게 신임을 받고 있는지를 득표수로 말할 수 있습니다. 그러므로 득표수는 정치인의 신용을 수치화한 것이라고 할 수 있습니다.

그럼 회사의 신용이란 무엇일까요?

회사의 경우에는 다양한 수치가 있습니다. 손익계산서, 대차대조표(기업이 결산 때에 재정 상태를 한눈에 볼 수 있게 도식화한 표),

자금 융통성 등 몇 가지 접근법이 있습니다. 궁극적으로는 현재 발행한 주식 수와 주가의 곱, 즉 '회사의 시가총액'이 회사의 신용과 기업 가치를 대변합니다. 시가총액이 높은 기업이 화제가 되는 것은 그만큼 큰 영향력을 행사하며, 신용을 나타내는 구체적인 수치이기 때문입니다.

그렇다면 개인의 신용이란 무엇일까요?

'장례식 참석자 수'는 개인(고인)의 신용을 나타내는 수치가 될 수 있을까요?

확실히 예전에는 장례식 참석자가 많아야 훌륭한 사람으로 여겨지는 풍조가 있었습니다. 하지만 이것이 진정으로 신용을 나타내는 수치라고 받아들이기에는 살짝 무리가 있습니다. 왜냐하면 애도하는 마음이 없어도 장례식에는 참석할 수 있기 때문입니다.

이렇듯 개인의 신용도는 좀처럼 수치화하기 어렵습니다. 그래서 처음에 던진 질문이 필요해지는 것입니다.

"당신은 얼마까지 빚을 질 수 있습니까?"

이를 바탕으로 여러분의 신용도를 수치화해 보길 바랍니다.

나의 신용 점수

체크리스트를 통해 '자신의 신용도'를 계산해 보겠습니다. 기초편 50점, 금융편 10점, 응용편 40점으로 총 100점 만점입니다. 스스로에게 점수를 후하게 주어도 괜찮습니다. 겸손하게 답할 필요는 없습니다.

얼마까지 돈을 빌릴 수 있나요? 은행을 비롯한 법인뿐만 아니라 개인으로부터 빌려도 됩니다. 돈을 모으는 능력이 얼마나 되는지 스스로 평가해 보세요.

부동산이나 주식을 가지고 있는 사람이라면 그것을 담보로 얼마를 빌릴 수 있을지 감안해서 계산하면 됩니다. 회사를 운영하는 사람이라면 회사도 담보가 됩니다.

10점 만점으로 후하게 채점해도 상관없습니다. 0점이나 10점인 사람은 많지 않을 것입니다.

어떤 질문이든 자신의 현재 상태와 마음가짐에 따라 점수는 들쑥날쑥하기 마련입니다. 그러므로 중요한 것은 점수 자체가 아니라 자신의 발전 가능성을 깨닫는 것입니다. 점수가 낮은 사람은 그만큼 발전 가능성이 크다는 뜻입니다. 반대로 50점 만점에 40점대인 사람은 발전할 여지가 적습니다. 자신의 발전 가능성이 얼마나 되는지 파악하는 게 중요합니다. 발전의 여지가 있어야 다음 문이 열리는 법입니다.

기초편, 금융편, 응용편을 합해 총 100점 만점에 여러분은 몇 점인가요?

비즈니스에서는 신용의 90%가 돈으로 결정된다고 해도 과언이 아닙니다. 하지만 이 책에서는 돈에 관한 물음이 100점 만점에 단 10점뿐입니다. 왜냐하면 제가 묻고 있는 것은 어디까지나 '사회적 신용'이기 때문입니다.

한 연수원에서 실제 테스트를 해본 결과 30대는 50점 이상, 40대는 60점 이상, 50대는 70점 이상인 경우가 많았다고 합니다. 연령이 올라갈수록 사회적 신용도가 상승한다는 점을 보여줍니다. 나이가 들수록 경험치가 쌓이기 때문에 남들로부터 받는 신임의 총량이 늘어나는 것은 당연합니다.

⟨ 나의 신용도 체크리스트 ⟩

기초편 각 1~5점으로 채점 / 50점 만점

10개 항목에 대해 스스로 점수를 매깁니다.
기초편은 1번부터 10번까지이고 50점 만점입니다.
(5 : 잘할 수 있다   4 : 할 수 있다   3 : 보통   2 : 그다지 할 수 없다   1 : 전혀 할 수 없다)

① 인사를 할 수 있다. ⋯⋯⋯⋯⋯⋯⋯⋯⋯⋯⋯⋯⋯⋯⋯ 1 2 3 4 5

② 약속을 지킨다. ⋯⋯⋯⋯⋯⋯⋯⋯⋯⋯⋯⋯⋯⋯⋯⋯⋯ 1 2 3 4 5

③ 오래된 물건을 소중히 사용한다. ⋯⋯⋯⋯⋯⋯⋯⋯ 1 2 3 4 5

④ 남의 말에 귀를 기울인다. ⋯⋯⋯⋯⋯⋯⋯⋯⋯⋯⋯⋯ 1 2 3 4 5

⑤ 조리 있게 말한다. ⋯⋯⋯⋯⋯⋯⋯⋯⋯⋯⋯⋯⋯⋯⋯ 1 2 3 4 5

⑥ 남의 입장에서 생각한다. ⋯⋯⋯⋯⋯⋯⋯⋯⋯⋯⋯⋯ 1 2 3 4 5

⑦ 앞을 내다보고 행동한다. ⋯⋯⋯⋯⋯⋯⋯⋯⋯⋯⋯⋯ 1 2 3 4 5

⑧ 기분과 생각을 표현할 수 있다. ⋯⋯⋯⋯⋯⋯⋯⋯⋯ 1 2 3 4 5

⑨ 솔직하게 행동한다. ⋯⋯⋯⋯⋯⋯⋯⋯⋯⋯⋯⋯⋯⋯ 1 2 3 4 5

⑩ 감사와 경외감이 있다. ⋯⋯⋯⋯⋯⋯⋯⋯⋯⋯⋯⋯⋯ 1 2 3 4 5

금융편 해당 번호로 채점 / 10점 만점

여러분의 신용도를 진단해 보세요. 10개 항목에서 해당하는 번호를 하나 골라주세요.
금융편은 10점 만점입니다. 해당하는 번호가 여러분의 점수입니다.

① 100원도 빌릴 수 없다.   ⑥ 1,000만 원을 빌릴 수 있다.

② 1천 원을 빌릴 수 있다.   ⑦ 1억을 빌릴 수 있다.

③ 1만 원을 빌릴 수 있다.   ⑧ 10억을 빌릴 수 있다.

④ 10만 원을 빌릴 수 있다.   ⑨ 100억을 빌릴 수 있다.

⑤ 100만 원을 빌릴 수 있다.   ⑩ 무제한으로 빌릴 수 있다.

네 1점, 아니요 0점 / 40점 만점

마지막으로 응용편은 40개 항목이고 40점 만점입니다.
(네 : 1점   아니요 : 0점)

□ 체력이 좋다.

□ 학력이 높다.

□ 국가 자격증이나 면허를 취득했다.

□ 스포츠나 예술에서 실적이 있다.

□ 입후보하면 표를 받는 편이다.

□ 출판물의 저자다.

□ 논문을 쓰고 연구비를 받았다.

□ 국가나 시에서 주는 상을 받았다.

□ 해외 주재 중이거나 유학 경험이 있다.

□ 구두쇠가 아니다.

□ 크라우드 펀딩으로 자금을 모은 적이 있다.

□ SNS의 팔로워가 많다.

□ 언론에 출연해서 지명도가 높다.

□ 책을 읽는 습관이 있다.

□ 기억력이 좋다.

□ 고객을 모으는 능력이 있다.

□ 강연하면 강연료를 받을 수 있다.

□ 기혼자로 아이를 키우고 있다.

□ 말을 유창하게 할 수 있다.

□ 이름이 알려진 회사에 다니고 있거나 국가 공무원이다.

□ 남에게 의지하지 않고 스스로 맛있는 식당을 찾아다닐 수 있다.

□ 호감이 가는 매력적인 외모를 가지고 있다.

- □ 고생한 경험을 이야기할 수 있다.
- □ 누구나 가치 있다고 인정하는 것을 가지고 있다.
- □ 집안 살림에 센스가 있는 편이다.
- □ 반려동물을 기르며 돌보고 있다.
- □ 때와 장소에 따른 패션 센스가 있다.
- □ 선망의 대상이 되는 자동차를 탄다.
- □ 기차나 비행기는 일등석이나 비즈니스 클래스를 탄다.
- □ 고급 손목시계를 찬다.
- □ 곧바로 행동으로 옮기는 편이다.
- □ 역사에 조예가 깊다.
- □ 회사 외부의 커뮤니티에 참여한다.
- □ 자기 이름의 뜻풀이를 말할 수 있다.
- □ 에너지 넘친다는 소리를 듣는다.
- □ 글을 잘 쓰는 편이다.
- □ 원고 없이 자신의 말로 간단한 발표를 할 수 있다.
- □ 범죄 경력이 없다.
- □ 술버릇이 없다.
- □ 자신의 장례식에서 눈물을 흘려주는 사람이 있을 것이다.

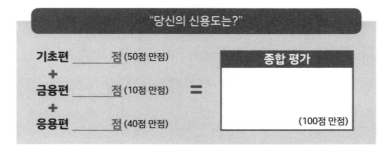

"당신의 신용도는?"

기초편 _____ 점 (50점 만점)
+
금융편 _____ 점 (10점 만점)   **=**
+
응용편 _____ 점 (40점 만점)

종합 평가

(100점 만점)

시간이란
무엇일까요?

2×2 매트릭스

이제 약 60만 시간의 인생에 대해 구체적으로 생각해
볼 차례입니다.

어떻게 시간을 보내야 충실한 삶을 살 수 있을까요? 컨
설팅 회사가 자주 사용하는 그림을 통해 접근해 보겠습니
다. 복잡한 문제일수록 구조적으로 접근하면 좀 더 쉽게
본질이 보이는 법입니다. 여기에서는 '2×2 매트릭스'를
이용하겠습니다.

그림의 핵심은 각각 트레이드오프trade off 관계가 되도록 축을 설정하는 것입니다. 트레이드오프는 한쪽을 선택하면 다른 쪽을 선택할 수 없는 관계를 말합니다. 아무리 복잡한 매트릭스라도 첫 단계는 트레이드오프 관계의 두 축으로 나누는 것입니다.

어떻게 하면 60만 시간을 알차게 보낼 수 있을까요? 이 두 축은 무엇으로 설정하면 좋을까요? 물론 정답은 없습니다. 다만 생각하는 주제가 시간이기 때문에 각각의 축도 시간에 관한 사항을 선택하는 것이 좋습니다.

세로축과 가로축을 종이 중앙에 그려주세요.
저 같은 경우는 세로축의 위쪽을 '개인적인 시간', 아래쪽을 '조직적인 시간'으로 설정했습니다. 또 가로축의 왼쪽을 '처리적인 시간', 오른쪽을 '편집적인 시간'으로 설정했습니다. 이렇게 눈에 보이는 그림으로 만들면 자신이 원하는 바를 조금 더 분명하게 볼 수 있습니다.

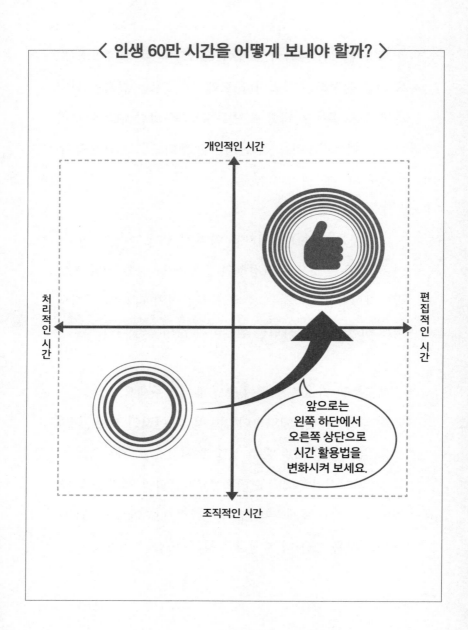

상단의 오른쪽 영역이 매력적입니다. '개인적'이며 '편집적'인 시간을 충실히 채우는 것이 좋아 보입니다. 하지만 회사나 조직에서 열심히 일하는 사람이라면 하단의 왼쪽 영역에 집중되어 있을 겁니다. '조직적'이며 '처리적'인 시간에 인생의 많은 부분을 할애하고 있는 것이죠.

그런 깨달음에 도달한다면 이제부터 왼쪽 하단에서 오른쪽 상단으로 시간 활용법을 바꾸겠다는 결의가 생길 것입니다. 진심으로 축복할 만한 일입니다. 2×2 매트릭스를 통해 나아가야 할 목표가 생겨난 순간 여러분 '인생의 시간표'는 이미 바뀌기 시작한 것과 다름없습니다.

시간이란 말하자면 인생의 무대 장치입니다. 그것을 어떻게 활용하느냐에 따라 인생의 무대에서 어떻게 활약하느냐가 결정됩니다. '시간은 금이다', '시간이 약이다' 등 시간에 관한 속담이 많은 것은, 그만큼 시간이 인생을 좌우할 만한 힘을 지녔기 때문입니다. 60세부터는 시간 사용법의 전문가가 되어야 합니다. 진지하게 시간에 대해 고민할 때입니다.

시간의 정리정돈

2×2 매트릭스의 왼쪽 하단에서 오른쪽 상단으로 이동하겠다고 결심했나요? 이제부터 생각해야 할 문제는 '인생의 시간표'를 이행하기 위한 구체적인 방법입니다.

시간의 질을 바꾸는 가장 효과적인 방법은 '시간의 정리정돈'입니다. 개인적이고 편집적인 자신만의 시간을 새로이 마련하기 위해서는 지금까지의 잘못된 시간 활용법을 일단 끊어내야 합니다. 이것이 바로 시간의 정리정돈 개념입니다. 우선 조직적이고 처리적이지만 결국 남들을 위한 시간을 줄이도록 노력해야 합니다.

그런데 오랫동안 조직에 속해서 일한 사람에게는 조직적이고 처리적인 시간을 줄이는 게 생각보다 어려운 일입니다. 조직 내에서 승승장구한 인재일수록 조직적인 시간을 정리하는 데 서툴기 마련입니다.

그렇다면 여기서 잠깐 조직의 관습에 대해 생각해 볼까요? 기업 안에서 승진할수록 업무의 노화 현상은 진행

되기 마련입니다. 실질적인 업무나 현장은 부하에게 맡기고 그 성과만 관리하는 것이 상위직의 주된 업무가 되기 때문입니다. 30대에 과장직에 올라 팀을 이끌 무렵부터 '하고 싶은 일'과 '해야 할 일'이 괴리되는 것이 조직의 생태입니다. 그러다 보면 어느새 개인적인 시간의 60~70%가 조직적인 시간에 잡아먹히고 맙니다.

다음의 세 가지 시간은 개인적인 시간일까요, 혹은 조직적인 시간일까요?

저녁에 거래처 사장님을 접대하는 시간
부하 직원에게 업무 외 상담을 해주는 시간
퇴근 후 회식 시간

접대, 상담, 회식은 '개인적인 시간'과 '조직적인 시간'의 경계에 있습니다. 요컨대 조직에서 일한다는 것은 개인적인 시간을 조직에 끊임없이 제공해야 한다는 뜻입니다. 이 사실을 깨닫는 것이 핵심입니다. 이를 자각할 수 있어야 2×2 매트릭스의 왼쪽 하단에서 오른쪽 상단으로 이행하는 변화를 가져올 수 있습니다. 더불어 시간의 정리정돈을 시작하는 단초가 됩니다.

여러분의 일상생활에서 시간의 정리정돈을 할 수 있는 상황은 얼마나 있을까요? 생각해 보면 꽤 있을 것입니다.

저의 경우에는 앞으로 결혼식과 장례식에 참석하지 않기로 했습니다. 대신에 아주 가까운 사람이 결혼하는 경우에만 개인적으로 두 사람을 초대해, 와인 한잔하면서 천천히 덕담을 해주는 형태로 바꿨습니다. 장례식에는 돌아가신 분과 가까웠던 경우나 돌아가신 분의 부모님을 알고 지내던 경우 외에는 참석하지 않기로 했습니다. 제가 실천하고 있는 시간의 정리정돈 방법 중 하나입니다.

다음으로 소개할 방법은 '면죄부'입니다. 시간을 정리정돈 하기 위해서는 면죄부가 필요합니다. 흔히 활용하는 면죄부는 '자신의 질병'이나 '가족의 불행'입니다.

자신의 불우한 상황을 내세워 개인적인 시간을 갖는다는 것에 약간 거부감을 느낄 수도 있습니다. 하지만 인간관계에 정해진 규칙은 없습니다. 주체적으로 살고자 한다면 불필요한 관계를 정리해 나갈 필요도 있습니다. 정리를 당하는 쪽에서도 순순히 납득할 수 있도록 면죄부를 활용하는 것은 결코 반칙이 아닙니다. 사회 경험이 풍부한 사람이라면 쓴웃음을 지으면서도 분명히 이해해 줄 것입니다.

다만 여기에서 강조하고 싶은 것은 면죄부를 사용하는 것 자체가 목적이 아니라, 면죄부를 사용해서라도 시간을 정리정돈 하라는 부분입니다. 그렇게 함으로써 얻을 수 있는 것, 깨달을 수 있는 것, 도달할 수 있는 경지는 무엇보다 중요합니다.

저는 열심히 일하던 직장인 시절에 어지러움, 이명, 난청 증상이 반복되는 메니에르병이 갑자기 찾아왔습니다. 그때는 아침에 일어나는 게 무서울 정도였습니다. 그와 동시에 그 병은 제 삶을 되찾기 위한 성전을 알리는 서막이기도 했습니다. 도리어 메니에르병을 저만의 강력한 무기로 삼았습니다.

〈 시간을 정리정돈 하는 방법 〉

타인을 위한 시간을

줄이고 · 끊어내고 · 피하고 · 거절하고 · 멀리한다

자신의 시간으로

타인의 시간에 참석하지 않기 위한 면죄부는

자신의 질병

or

가족의 불행

"실은 제가 메니에르병을 앓고 있어서…."

그 말 한마디면 세상의 온갖 어려움이 썰물처럼 사라졌습니다. 병이 나은 후에도 저는 이 면죄부를 가끔 사용했습니다. 2차 회식을 거절하고 싶을 때나 참석하기 싫은 회의가 있을 때, 메니에르병이라는 이름표는 저에게 개인적인 시간을 지키는 무기가 되었습니다.

메니에르병에 걸리지 않았다면 어땠을지 오히려 섬뜩합니다. 만약 그랬다면 지금까지도 맹렬하게 앞만 보고 돌진하는 회사 인간으로서 건조한 인생을 살고 있었을지도 모릅니다.

보상 매트릭스

신용을 수치화하는 방법과 개인적인 시간의 중요성을 지금까지 살펴봤습니다. 드디어 이번 장에서 가장 중요한 부분을 짚어볼 차례입니다. 돈의 본질을 파악하고 인생의 방향성(벡터의 방향)을 확인할 수 있는 '보상 매트릭스'를 작성하는 것입니다. 여기서도 2×2 매트릭스를 사용합니다.

일단 가로축부터 보겠습니다. 오른쪽은 '경제적 가치'를 중시하는 가치 축입니다. 금전적인 보상을 얼마나 중시하는지 나타냅니다. 왼쪽은 '경제 이외의 가치'를 중시하는 축입니다. 가족이나 친구, 개인적으로 관심 있는 활동이나 사회 공헌 등을 얼마나 중시하는지 나타냅니다.

오른쪽과 왼쪽은 트레이드오프의 관계입니다. 즉 경제적 가치를 철저히 추구하는 것과 개인적인 취미를 철저히 추구하는 것은 본래 양립할 수 없습니다. 그렇기 때문에 자신이 서 있는 위치는 이 가로축 위의 어딘가에 존재합니다.

이번에는 세로축을 보겠습니다. 위쪽은 조직적인 힘을 지향하는 '권력 지향'입니다. 이것은 직장인의 전형적인 마음가짐입니다. 기업이나 조직 내에서 예산권이나 인사권을 얻어 권력을 장악하고 싶다면 승진해야 합니다. 이것은 결코 나쁜 뜻이 아닙니다. 조직과 함께 자기실현을

〈 인생의 방향성을 확인하는 보상 매트릭스 〉

권력 지향(직장인)

C A

D B

경제 이외의 가치
가족, 친구,
개인적인 활동,
사회 공헌을
중시한다.

경제적 가치
급여, 연봉,
돈을 중시한다.

능력 지향(기술)

하는 삶의 방식입니다. 그에 반해 아래쪽은 개인적인 힘을 충실히 따르는 '능력 지향'입니다. 기술 지향 또는 장인 지향이라고도 할 수 있습니다. 조직을 떠나 홀로 되더라도 전문적인 능력을 지니고 꾸준히 발휘하려는 지향성입니다.

지금 여러분은 어느 위치에 있나요? 그리고 앞으로 어디를 목표로 움직일 것인가요?

A. 회사에 들어가면 여기서부터 시작합니다. 대부분의 사람들이 오른쪽 상단으로 향하려고 합니다. 승진하고 싶고 경제적인 보상도 얻고 싶어 합니다. '조직의 힘'을 무기로 삼는 삶의 방식입니다.

B. 기술이 큰 역할을 하는 영역입니다. 전문가가 되고 싶고 독립해서 일하며 큰돈을 벌고 싶어 합니다. '개인의 기술'을 무기로 삼는 삶의 방식입니다.

C. 공무원, NGO, NPO의 영역입니다. 사회적 연대감을 살리고 싶어 합니다. '다른 사람과의 결속감과 공익의 목적'을 무기로 삼는 삶의 방식입니다.

D. 연구자의 영역입니다. 좋아하는 것을 탐구하고 싶고, 배운 것을 전하고 싶어 합니다. 다양한 분야의 마니아나 예술가도 이 영역에 해당됩니다. '학구적인 호기심'을 무기로 삼는 삶의 방식입니다.

조금 더 이해하기 쉽도록 이 네 가지를 다음과 같이 바꿔 부르겠습니다.

A. '힘'을 무기로 삼고 산다.
B. '기술'을 무기로 삼고 산다.
C. '연대감'을 무기로 삼고 산다.
D. '취향'을 무기로 삼고 산다.

여러분은 어느 위치에서 어느 위치로 가고 싶나요?

과거와 현재, 그리고 미래를 상상하며 매트릭스를 그려 보세요. 하지만 객관적으로 자신을 파악하기란 말처럼 쉽지 않습니다. 어렵게 느껴진다면 스스로에게 이렇게 질문해 보세요.

"나는 어느 위치에서 스스로 납득하면서 만족스럽게 일할 수 있을까?"

스스로 납득할 수 없다면 그 위치는 본인이 진정으로 원하는 위치가 아닙니다. 그저 타협과 포기에 의해 그곳에 머무르게 된 것일 뿐입니다. 스스로 이해할 수 없는 일을 하면서 새롭고 창조적인 결과물을 탄생시킬 수는 없습니다. 당장 시간 낭비를 그만두고 자신이 원하는 위치로 옮겨가야 합니다.

돈이란
무엇일까요?

돈을 잘 쓰는 센스

자신의 신용도와 인생의 시간표를 파악했다면 이제 다음 단계로 나아가겠습니다. 이제부터 '돈의 사용법'을 알아보겠습니다. 돈 쓰는 법에도 요령과 센스가 있습니다. 사실 돈을 잘 쓰는 습관이 인생행로를 결정한다고 해도 과언이 아닙니다.

우리는 천 원이나 만 원의 사용법에는 익숙하고 심지어 잘합니다. SNS나 여러 매체 홍보에 관심을 기울이며 나름

대로 만족스럽게 돈을 쓰고 있습니다.

한편 십만 원이나 백만 원 단위의 쇼핑이라면 누구나 신중해질 것입니다. 거주할 아파트를 매매하는 경우에는 결단을 내리기까지 고민에 고민을 거듭합니다. 수많은 조건을 고려하며 신중하기 때문에 충동구매를 하는 일은 좀처럼 일어나지 않습니다.

문제는 십만 원에서 백만 원 정도의 돈을 쓰는 방법입니다. 이것은 학교에서도 가정에서도 배우지 않습니다. 오직 '살 수 있는지 없는지'에만 초점이 쏠릴 뿐, '어떤 식으로 이 금액을 사용할까?'라는 고차원적인 사고에는 이르지 못한 채 어른이 되는 사람이 많습니다.

돈을 쓰는 목적과 방법은 그 사람의 개성을 보여줍니다. 저는 언젠가부터 인연을 맺는 스토리에만 돈을 쓰기로 결심했습니다. 개인과 개인이 SNS로 직접 연결되고 인기 뉴스 순위는 시시각각 변합니다. 현대사회는 끊임없이 정보가 넘쳐나 무분별한 소비가 생산됩니다. 저는 그런 소모전에 가담하지 않고 저만의 이야기를 만드는 데 전념하기로 했습니다. 그것과 관련된 일에 돈을 사용하며 저만의 희소성을 높이고 있습니다.

돈을 사용하는 구체적인 방법 세 가지를 이야기해 보겠습니다.

돈 사용법 ① 전문가를 산다

돈을 사용하는 첫 번째 방법은 전문가를 당신 편으로 끌어오는 것입니다.

자비 출판을 예로 들어 제 방식을 설명하겠습니다. 오랫동안 독서를 해왔다면 머릿속이 활자로 가득 차 저절로 글이 술술 흘러나오게 됩니다. 블로그에 꾸준하게 써서 올리다 보면 어느 순간 책을 내고 싶다는 욕심이 생깁니다. 그래서 자연스럽게 자비 출판이라는 방법에 눈독을 들이게 됩니다. 보통은 인터넷에서 자비 출판 서비스를 찾아보거나 지인을 통해 제본할 수 있는 담당자를 소개받을 것입니다. 여기까지가 일반적인 자비 출판 방법이라고 할 수 있습니다.

그렇지만 저는 전문 편집자와 디자이너를 물색해서 정당한 대가를 치르고 책 내용 편집과 디자인을 요청했습니다. 저렴한 자비 출판 서비스가 있는데 왜 돈을 더 들여가며 그렇게까지 하는지 의아해하는 사람도 있었습니다.

하지만 책이 출판된다고 모두 팔리는 게 아닙니다. 저렴하게 주변에 나눠줄 만한 책이 완성되었다고 해도 그 책을 과연 누가 읽어줄까요? 여러분의 가족이나 애인이 아니라면 읽어줄 사람은 없습니다.

비용이 훨씬 많이 들더라도 전문가를 사면 결과는 엄청나게 달라집니다. 전문 편집자는 책에서 강조해야 할 내용이 무엇인지, 불필요한 부분이 어디인지, 보충해야 할 내용은 없는지 고민합니다. 그리고 저자와 소통하며 더 많은 이야기를 이끌어 냅니다. 독자의 시점에서 책 내용을 완전히 다듬고 재구축하는 것입니다.

디자이너도 중요합니다. 독자로 하여금 어떤 책을 선택하고 내용에 대해 호기심을 품도록 하는 것은 그 책의 디자인입니다. 보기 좋은 떡이 먹기에도 좋은 법이니까요. 프로필 사진도 전문 사진가에게 맡기면 당신의 가장 좋은 표정을 책에 실을 수 있습니다.

이처럼 각 분야의 전문가에게 제대로 된 비용을 지불

하고 일을 의뢰하면 좋은 작품이 탄생할 뿐만 아니라 그들과의 연대감도 생겨납니다. 즉 하나의 완성된 스토리가 탄생하는 것입니다. 그런 연대감과 스토리가 생겨나는 기회에 돈을 아낌없이 사용할 가치가 있습니다.

비전문가와 전문가의 차이는 하늘과 땅 사이입니다. 그 차이를 돈으로 사는 것은 단순히 물건을 사는 행위에서 더 나아가, 새로운 가능성을 발견하고 성장을 이끌어 냅니다. 그리고 그것이 반드시 여러분의 희소성을 키워줄 거라 확신합니다.

돈 사용법 ② 아바타를 산다

돈을 사용하는 두 번째 방법은 자신이 할 수 없는 일을 대신 해줄 사람을 후원하는 것입니다.

세상에는 자신이 하고 싶어도 할 수 없는 일들이 많습니다. 저 역시 하고 싶은 일들이 잔뜩 있지만 시간과 공간의 제약 때문에 시작조차 못하는 일들이 수두룩합니다. 하지만 어떤 젊은이들은 돈만 있다면 그 일들을 충분히 해낼 수 있습니다. 그래서 저는 그런 젊은이들에게 금전적으로 후원합니다.

이것은 기부와는 조금 다릅니다. 잘 모르는 단체에 막연하게 돈을 보내는 것이 아니라, 제 후원금이 어떤 경로를 거쳐 개개인의 활동으로 이어지는지 구체적으로 파악하고 돈을 보냅니다. 제가 원하는 활동을 대신 해주는 분들이므로 마치 제 분신 같다고 생각해서 저는 그분들을 '아바타'라고 부릅니다.

아바타를 많이 만들어 두면 저절로 스토리가 풍부해집니다. 저는 동일본 대지진 후에 피해 지역 출신의 한 직장인을 후원한 적이 있습니다. 그는 대지진으로 어머니와 여동생을 잃었습니다. 도쿄에 살던 그는 지진 후에 피해 지역으로 주소를 옮겼습니다. 현지에 가서 지진 피해 복구 활동을 시작한 것입니다. 어업 부흥 활동을 위해 선박 면허까지 따고 어부가 되기도 했습니다. 그 외에도 중학생의 학습 지원과 무형문화재 부활 활동 등 그는 진심으로 지역 되살리기에 꾸준히 앞장섰습니다.

그 과정에 감명을 받은 저는 그와 파트너십을 맺고 뜻을 함께하게 되었습니다. 그의 단체를 후원함으로써 훌륭한 아바타와 협업할 수 있게 되었고, 지진 피해 복구에 간접적으로나마 참여하며 뿌듯함을 느낄 수 있었습니다. 이것이 스토리를 만드는 힘으로 이어졌습니다.

아바타 만들기는 최강의 곱셈 기술입니다. 자신의 아바타를 만들면 비전과 이상을 세상으로 확장할 수 있습니다. 자신의 희소성을 높이면서 사회와의 연대감도 끈끈하게 만드는 수단이 됩니다.

돈 사용법 ③ 커뮤니티를 산다

돈을 사용하는 세 번째 방법은 커뮤니티를 만드는 것입니다.

60세 이후의 인생에서는 커뮤니티가 매우 커다란 의미를 지닙니다. 커뮤니티에 속하지 못하면 아무리 돈이 많아도 외로운 삶을 살게 됩니다. 인간은 사회적 동물로 결코 혼자서는 살 수 없습니다. 가족이라는 탄탄한 기반이 있더라도, 사회적 중간 집단으로서의 커뮤니티에 속해야만 안정감을 느낄 수 있습니다. 왜냐하면 사람은 커뮤니티에서 자신의 사명이나 역할을 찾을 수 있기 때문입니다. 타인을 배려하고 사회에 공헌하는 행동이 삶의 보람으로 이어진다는 사실을 경험한 사람이라면 누구나 알고 있습니다.

현대사회에서 가족은 더 이상 집단이라고 부르기 힘듭니다. 핵가족화와 저출산에 뒤이어 1인 가구도 급격히 늘고 있기 때문입니다. 비록 가족이 있다고 해도 성숙사회에서는 따로 개인화 되고 있습니다. 아이에게도 각방과 휴대전화가 주어지고 심지어 식사 중에도 손에서는 휴대전화를 놓지 못합니다. 식사 후에도 각자 게임과 SNS를 하고, 텔레비전과 넷플릭스를 즐기기도 합니다. 몸은 함께 있지만 마음은 제각각이고, 각자의 호텔방에서 생활하고 있는 것과 마찬가지입니다.

회사의 커뮤니티성도 많이 옅어졌습니다. 정규직보다는 비정규직이 확산되면서 인간관계도 얕아지고 좁아졌습니다. 개인정보 보호에 예민해지면서 주소록은 사라지고, 동료와는 채팅으로 대화하며, 상사에게는 이메일로 보고합니다. 술이나 한잔하자, 혹은 밥 먹게 나오라며 갑작스럽게 친구를 만나는 일도 코로나 사태 이후에는 눈에 띄게 줄었습니다.

그래도 인간에게는 커뮤니티가 필요합니다. 속마음을 털어놓을 수도 있고, 고민하거나 기뻐할 수도 있는 진한 인간관계를 누구나 원합니다. 사람은 감정으로 움직이는 생물이므로 자신을 받아줄 거처가 필요한 법입니다.

좋은 예로 동호회가 있습니다. 독서, 바둑, 장기 같은 취미 동호회도 있고, 테니스나 걷기 같은 스포츠 동호회도 있습니다. 경력이나 직함에 얽매이지 않는 인간관계는 60세가 넘으면 오히려 오래갑니다. 조직에서 벗어나 다시 개인으로 돌아갈 수 있기 때문입니다. 커뮤니티를 확보하는 것은 60세 이후의 인생에서 사활이 달린 문제일지도 모릅니다.

앞에서 2×2 매트릭스를 통해 인생의 시간표를 파악하면서 개인적인 시간을 늘리는 것이 중요하다고 설명했습니다. 60세라는 두 번째 성인식 이후에는 개인적인 시간을 어떻게 보낼지가 더욱 중요해집니다.

커뮤니티는 회사도 아니고 학교도 아닙니다. 평가주의에 스트레스 받거나 다수 의견에 억지로 맞추지 않아도 됩니다. 독립적으로 자신의 자아를 키울 수 있는 거처를 찾아야 합니다.

그 방법 중 하나를 소개하고 마무리하겠습니다. 힌트는 여러분이 열 살이었을 때의 기억을 떠올리는 것입니다.

"열 살 때 무엇을 좋아했나요? 어떤 사람들이 주변에 있었나요?"

열 살 시절을 재현할 수 있는 방법을 찾아보세요. 분명히 그것을 실현할 커뮤니티가 있을 것입니다. 그 커뮤니티에 현명하게 돈을 쓰고 그곳에서의 시간을 충분히 즐기십시오.

이것이 인연을 맺는 스토리에 돈을 쓰는 저만의 법칙입니다.

PART 2. 돈

돈의 관점

· 수입의 본질

· 지출의 본질

"지금 당장 얼마를 빌릴 수 있나요?" 이 말은 곧 "얼마나 빚질 수 있나요?"라는 질문입니다. 여기서 본질적으로 묻고 있는 것은 '당신의 신용도'입니다.

신용도의 가치

신용이란 남들로부터 얻은 신임의 총량입니다. 즉 다른 사람들로부터 신임을 받을수록 삶의 자유도는 높아지고, 하고 싶은 일을 이루기 쉽습니다. 인생이라는 게임을 주체적으로 플레이하기 위해서는 신용을 끊임없이 높여가야 합니다.

2×2 매트릭스

· '개인적'이며 '편집적'인 시간

· '조직적'이며 '처리적'인 시간

60세부터는 시간 사용법의 전문가가 되어야 합니다. 시간을 어떻게 활용하느냐에 따라 인생의 무대에서 어떻게 활약하느냐가 결정됩니다.

시간의 정리정돈

· 개인적인 시간을 위해 조직적인 시간을 정리

· 면죄부의 활용

시간을 정리하면 삶의 질이 달라집니다. 잘못된 시간 사용법을 끊어내고, 면죄부를 활용해 다른 사람을 위한 시간을 줄이도록 노력해야 합니다. 시간을 주체적으로 관리하는 것은 자신을 살리는 일과 다름없습니다.

우여곡절은
살아 있다는 증거

보상 매트릭스를 그려보겠습니다. 첫 번째 칼럼에서 살펴본 저의 반생애를 참조해 주세요. 저는 보상 매트릭스의 네 영역 중에 A로 시작해서 B로 갔다가 C로 점프했다고 할 수 있습니다. 그리고 시행착오를 거듭하며 D로 움직였다가 다시 B로 돌아가고자 하는 것이 대략적인 경로입니다.

시작은 중심점입니다. 가장 먼저 신입 사원으로 리크루트에 입사해 일직선으로 A영역의 오른쪽 상단을 향해 돌진했습니다. 무조건 성공하고 싶었습니다. 승진하면 큰일을 맡을 수 있고 자신감도 올라갑니다. 당연히 수입도 높아집니다. 실제로 제 직함은 점점 상층부를 향해 나아갔습니다.

그런데 얼마 지나지 않아 첫 번째 좌절을 겪게 됩니다. 30세에 메니에르병에 걸린 것입니다. 물불 안 가리고 저돌적으로 돌진하는 저에게 몸이 스스로 경고 카드를 내민 것입니다. A영역을 추구하는 것은 더 이상 불가능한 상황이 되었고, 일단 짊어지고 있던 모든 짐을 내려놓자고 생각했습니다.

그래서 B영역을 목표로 삼기 시작했습니다. 승진을 단념하는 대신에 수입이 안정적인 전문가가 되기 위해 개인적인 역량을 높이고 싶어졌습니다. 그래서 37세에는 유학을 가야겠다고 마음먹었습니다. 무슨 공부를 해야 할지는 확실하지 않았지만, 무작정 가족을 데리고 런던대학교 비즈니스 스쿨로 유학을 떠났습니다. 그리고 런던과 파리에서 살며 일본과는 다른 성숙사회를 몸소 체험하고 앞으로의 진로를 모색했습니다.

교육 분야에 종사할 것인가, 간병을 중심으로 하는 의료 분야에 종사할 것인가? 결론을 미룬 채 일본으로 귀국했습니다. 그때부터는 펠로의 길을 선택합니다. 펠로는 보수가 0엔에서 4,500만 엔 사이를 요동치는 매우 불안정한 신분입니다. 월급이 꼬박꼬박 나오는 직장인과는 다르게 개인의 실적에 따라 보수가 책정됩니다. 그래서 펠로로 일하는 동안에 저는 야생 정신이 몸에 배었고, 금전적인 평가를 객관적으로 할 수 있게 되었습니다.

저만의 회사를 만들어서 비상근 임원으로 일하다가 폐업하는 경험도 했습니다. 서브프라임 모기지Subprime Mortgage 위기도 겪었고 파산도 해봤습니다. 그런 우여곡절을 거쳐 47세 때 도쿄 의무교육 최초의 민간 교장이라는 기회가 찾아왔습니다. 저는 말 그대로 미지의 세계에 뛰어들었습니다. 민간 교장이 되어 5년간 일했습니다. 50대 언저리에 1만 시간을 쏟아 부어 철저히 해냈습니다. 교육 개혁 실천가로서의 길이 그때부터 시작된 것입니다.

이후 10년은 그 길을 탐구하는 시간이었습니다. 53세부터 전국에 '지역학교협동본부'를 확산시키고 '액티브 러닝' 수법을 보급했습니다. 60세부터 2년 동안 부모님을 모시고 나라로 이주해서 시립 고등학교 민간 교장도 맡았습니다.

돌이켜보면 비즈니스에도 25년 정도, 교육에도 25년 정도 관여하며 일한 것이 저의 반세기입니다. 이렇게 정착했다고 생각한 시점에 저는 다시 한 번 점프했습니다. 온라인에 '조례만 하는 학교'를 개교한 것입니다. 이 학교의 교장은 바로 저입니다.

이것은 제가 65세부터 도전하기 시작한 신규 사업입니다. 조례만 하는 학교의 가장 큰 매력은 학생이 곧 선생님이 된다는 콘셉트입니다. 초등학생부터 80대까지 모이는 온라인 학교이기 때문에 나이에 상관없이 서로가 서로에게서 배울 수 있는 요소가 있습니다. 정답만 주입하려는 일본 교육 시스템에 맞서 서로가 서로에게서 배운다는 취지로 정보 편집 능력을 키우는 장소입니다. SNS에서 흔히 벌어지는 비난과 악의적인 공격은 조례만 하는 학교에서는 절대로 용납하지 않습니다. 그 외에는 어떠한 발언을 해도 상관없기 때문에 자유분방하게 스스로를 표현할 수 있습니다.

조례만 하는 학교는 제가 평생에 걸쳐 일궈나갈 업무입니다. 학교를 발전시켜서 저 또한 이 학교에서 많은 것을 배우고 싶습니다. 배우고 있는 어른의 모습이야말로 뒤따르는 후배와 청소년들에게 최고의 교과서가 되기 때문입니다.

저는 메니에르병에 걸린 것이 오히려 축복이었습니다. 인생의 전환점이 되었으니까요. 만약 30살의 저를 만난다면 이렇게 말해줄 것입니다.

"너라면 할 수 있어!"

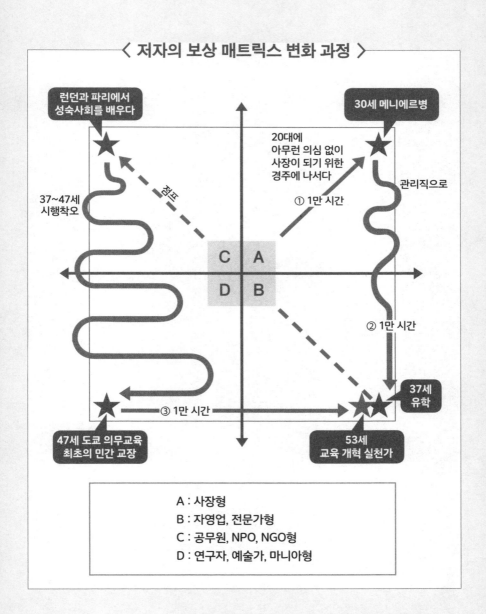

⟨ 저자의 보상 매트릭스 변화 과정 ⟩

런던과 파리에서
성숙사회를 배우다

30세 메니에르병

20대에
아무런 의심 없이
사장이 되기 위한
경주에 나서다

관리직으로

37~47세
시행착오

점프

① 1만 시간

| C | A |
| D | B |

② 1만 시간

37세
유학

③ 1만 시간

47세 도쿄 의무교육
최초의 민간 교장

53세
교육 개혁 실천가

A : 사장형
B : 자영업, 전문가형
C : 공무원, NPO, NGO형
D : 연구자, 예술가, 마니아형

가족

열린 마음으로 소통하고
다양성 존중하기

인간관계의
법칙

가족 관계의 의미

60세 이후의 인생을 행복하게 살기 위해는 '가족'과의 관계성을 빼놓고 이야기할 수는 없습니다. 여러분들의 가족은 몇 명인가요? 그리고 그 한 명 한 명과 지금까지 어떤 관계를 맺어 왔나요?

가족과의 관계를 생각할 때 제가 느끼는 중요한 키워드가 있습니다. 그것은 바로 '합벡터'입니다. '벡터vector'는 수학이나 물리학에서 방향이나 속도를 나타내기 위해 사용하는 화살표 모양의 기호입니다. 우리는 각자 고유의 벡터를 가지고 삶을 살고 있다고 생각합니다.

가족 구성원 간의 방향성과 목표를 파악하면 지금보다 더 나은 가족 관계를 형성할 수 있습니다. 앞으로 어떤 방향으로 맞춰나가면 좋을지 함께 이야기해 보겠습니다.

60세를 맞이하는 사람 대부분은 오랜 세월 조직에서 일하던 회사 인간입니다. 지금 이 책을 읽고 있는 여러분 또한 비슷한 세대이기 때문에 공감하실 거라 생각합니다. '합벡터 법칙'은 오랫동안 조직에 몸담았던 회사 인간이 가족과의 관계를 재정립할 수 있도록 도와줍니다.

본론에 들어가기 전에 참고 사항으로 제 가족 구성원을 소개합니다.

저는 32살에 결혼해서 33살에 큰아들을 얻었습니다. 37살에 작은아들, 39살에 딸이 태어났습니다. 그렇게 해서 30대에 5인 가족이 되었습니다.

가족은 늘어나기만 하는 것이 아닙니다. 저의 어머니는 90세임에도 여전히 건재하시지만 천수를 다하신 아버지는 2018년에 세상을 떠나셨습니다. 장인어른은 의사로 암학회 회장도 역임하셨는데 심장이 안 좋아지면서 1998년에 돌아가셨고, 같은 의사였던 장모님은 2010년에 돌아가셨습니다.

제 가족과 여러분의 가족은 나이나 성별 등 기본 구성원부터, 언제 육아가 끝나고 부모님 간병을 언제 시작했는지 등 여러 가지 점에서 다를 것입니다. 이처럼 가족은 모든 사람마다 각자 고유한 환경을 지니고 있어서 일반화해서 말하기 어려운 개념입니다.

결혼을 여러 번 한 사람도 있을 테고 독신인 사람도 있을 것입니다. 자녀가 있는 사람도 있고 없는 사람도 있겠지요. 60대가 되어도 부모님이 건재한 사람도 있고 일찍 돌아가신 사람도 있습니다. 또 결혼을 경험한 사람이라면 배우자의 가족관이 자신의 가치관과 전혀 다르다는 사실도 실감했을 겁니다.

전쟁이 끝나고 오랫동안 경제성장기를 거친 일본 사회에서는 대다수 국민이 머릿속으로 그릴 수 있는 표준적인 가족상이 있었습니다. 아버지는 밖으로 일하러 나가고, 어머니는 전업주부로 가정을 지키며 아이를 두세 명 키워서 사회에 내보냅니다. 그렇게 일반화된 가족상이 전국에 퍼져 있었습니다.

그러나 성숙사회에 들어선 일본에서는 예전처럼 모두에게 통용되는 표준적인 가족상을 떠올리기가 어렵습니다. 한 사람 한 사람이 모두 다른 가족을 꾸리면서 자신들만의 정답을 찾아야 하는 시대로 변했기 때문입니다. 그렇다면 지금 시대에 '가족'을 이루는 가장 좋은 방법은 무엇일까요?

세 가지 관계

우선 벡터를 이용해 인간관계를 파악하는 방법이 있습니다. 인간과 인간 사이에는 크게 다음의 세 가지 형태의 관계가 존재합니다.

· 당신의 목표와 상대방의 '목표가 마주 보는 관계'
· 당신의 목표와 상대방의 '목표가 같은 방향을 향하며 나란히 선 관계'
· 당신의 목표와 상대방의 목표가 다른 방향을 향하면서도 협력해서 무언가를 이루려고 시도하는 '화합과 성장을 추구하는 관계'

벡터는 '살아가는 데 필요한 에너지의 세기와 그 방향성'을 나타냅니다. 당신에게서는 당신 특유의 향과 힘을 가진 에너지의 화살이 나오고 있습니다. 또 당신과 관련된 다른 사람들도 저마다 특유의 향과 강인함을 지닌 에너지의 화살을 내놓으며 하루하루를 살아가고 있는 것입니다.

첫째, '공통의 목표를 가지고 마주 보는 관계'의 경우에는 서로가 서로에게 관심을 기울이고 있어 대화의 기회가 많습니다. 이제 막 사귀기 시작한 연인 사이나 신혼부부, 교사와 학생 등이 대표적인 관계입니다. 그러나 이 관

〈 공통의 목표를 가지고 마주 보는 관계 〉

외면은 마주 보는 관계라서
나타나는 반발의 표현

타인

당신

서로에게 관심이 있고 대화의 기회도 많다.
그래서 반발이나 대립도 일어나기 쉽다.

계는 두 사람이 추구하는 방향이 정면으로 마주하고 있어 반발이나 대립도 일어나기 쉽습니다.

회사와 같은 조직에서도 상하 관계에 있을 때 마주 보는 관계를 형성하는 경우가 종종 있습니다. 서로의 신뢰가 탄탄하게 쌓여 있지 않으면 부하들은 상사의 명령에 잠자코 복종하기만 하거나, 반대로 반발하며 말을 듣지 않게 됩니다.

부모와 자녀 관계의 경우는 어떨까요? 부모가 자녀를 혼내거나, 가르치거나, 타이를 때는 모든 에너지가 정면으로 향하게 됩니다. 자녀가 그것에 대해 외면하는 것도 마주 보는 관계이기 때문에 일어나는 반발의 표현입니다.

둘째, '같은 방향의 목표를 향해 나란히 선 관계'를 살펴보겠습니다.

이 관계성은 '공통의 적'에 맞서고 있는 경우에 흔히 찾아볼 수 있습니다. 예를 들어, 당신이 친구와 함께 벤처기업을 차린다면 회사를 어떻게든 궤도에 올려놓겠다는 명확한 목표를 갖게 됩니다. 상대방 역시 옆에 서서 같은 방

같은 목표를 향해 같은 방향으로 에너지 화살을 겨누고 있다.
오래 관계를 지속하려면 장기적으로 같은 목표를 지녀야 한다.

향으로 에너지의 화살을 돌릴 것입니다.

또 부모와 자녀 관계에서도 자녀가 입시를 앞둔 경우에 종종 부모가 옆에서 함께 공부하면서 자녀를 북돋아주기도 합니다. 이 두 가지 예에서 알 수 있듯이 관계가잘 지속되기 위해서는 두 사람이 장기적으로 '같은 목표'를 지니고 있어야 합니다.

자녀가 있는 부부라면 자녀에게 닥치는 여러 문제를공통의 적으로 삼아서 함께 맞서 싸우는 전우가 되기도합니다. 아이가 홀로서기 전까지 부부가 협력하면서 아이의 성장을 돕는 것이 부부 공통의 목표인 것이죠. 아이가부모에게서 독립하면 갑자기 부부의 대화가 사라지는 경우가 많은데, 이는 공통의 목표를 잃어버렸기 때문입니다. 그때까지 같은 목표를 향해 돌진하려는 의지가 부부사이를 유지하는 힘이었습니다. 하지만 공통 목표가 사라지고 부부가 갑자기 서로 다른 목표에 따라 살아가게 되었으니 둘 사이의 관계가 흔들리게 되는 것입니다.

셋째, '화합과 성장을 추구하는 합벡터 관계'는 여러분

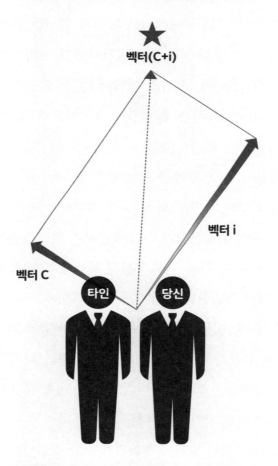

〈 화합과 성장을 추구하는 합벡터 관계 〉

★

벡터(C+i)

벡터 i

벡터 C

타인   당신

당신과 타인의 서로 다른 목표로부터 얻을 수 있는 대각선은
두 사람 모두에게 더 큰 성과를 가져다주는 공통 목표가 될 수 있다.

에게 추천하고 싶은 방법입니다.

합벡터는 벡터 C와 벡터 i를 변으로 삼는 평행사변형의 대각선입니다. 그림을 보면 당신의 벡터를 i, 상대방의 벡터를 C로 나타내고 있습니다. 두 목표는 각기 다른 방향을 향하고 있습니다.

앞에서 설명한 바와 같이 벡터는 각자 살아가는 데 필요한 에너지의 세기와 그 방향성을 나타냅니다. 합벡터의 관계는 가족을 포함과 여러분과 타인이 원래부터 다른 동기로 살아가고 있음을 전제로 합니다.

당신과 상대방은 각자 특유의 향과 세기를 지닌 에너지의 화살을 가지고 있습니다. 그 차이를 처음부터 서로 인정하고 공통의 목표를 향해 나아갈 때 다양한 가능성을 발견할 수 있습니다.

두 사람의 서로 다른 목표로부터 얻을 수 있는 대각선은 둘에게 새로운 공통 목표가 될 수 있습니다. 두 사람이 그 대각선을 따라 나아가기로 합의한다면 혼자서 목표로 향할 때보다 더 큰 성과를 거둘 수 있습니다. 두 벡터를 더한 대각선은 합치기 전 각각의 벡터의 길이보다 무조건

길어지기 때문입니다.

합벡터 법칙은 모든 인간관계에 적용할 수 있습니다. 다른 사람과 협업하는 관계를 맺으면 시너지 효과가 생겨서 한 사람의 에너지보다 반드시 더 강한 에너지를 얻을 수 있습니다. 오랜 세월 동안 조직에 속해 일하던 사람일수록 더욱 실감할 수 있을 것입니다. 혼자서는 아무리 노력해도 업무를 성공시키는 데 한계가 있는 법입니다. 업무를 통해서 만나는 다양한 사람들과 고객들 사이에서 화합과 성장의 관계를 맺어야 합니다. 이 시너지 효과야말로 업무에서 큰 성과를 내는 비결입니다.

회사와 개인의 새로운 관계

합벡터를 추구하는 개념은 조직과 개인의 관계에도 적용할 수 있습니다. 예를 들어 개인과 회사의 관계를 벡터 그림으로 생각해 봅시다.

예전에 일본 기업의 대부분은 종신고용을 미덕으로 여기며 한 회사에 한 번 입사하면 정년까지 근무하는 사회 분위기가 있었습니다. 회사 측도 직원의 생활을 오랫동안 보호해 주었고, 퇴직금 등의 제도로 정년 후의 생활까지 최대한 보장했습니다. 그 대신에 직원은 이 한 몸 바치겠다는 불굴의 정신으로 헌신했습니다.

이러한 회사와 개인의 관계를 벡터로 나타낸다면, 회사의 벡터 C가 엄청나게 크고, 그 위에 개인의 벡터 i가 살짝 올라가 있는 이미지가 될 것입니다. 회사에 들어간 개인은 일하면서 기술을 익히고, 여러 부서를 이동하면서 주임, 계장, 과장, 부장으로 직급도 높아집니다.

회사를 그만두더라도 벡터 C에서 벗어나지 못합니다. 왜냐하면 다른 회사로 이직하더라도 '또 다른 큰 벡터 C' 위에서 일할 수밖에 없기 때문입니다. 이것이 고도 경제 성장기를 거치면서 확립된 일본 사회의 관습이었습니다.

그러나 2000년대 이후의 성숙한 일본 사회에서는 경제 환경의 격변과 더불어 회사와 개인 사이의 관계도 서서히 변화하기 시작했습니다. 회사는 직원의 생활을 더 이상 평생 돌봐줄 수 없게 되었습니다. 실적이 나빠지면 정리해고로 직원을 내치기도 합니다. 대신에 직원도 언제 든지 이직하는 것이 당연해졌고, 회사는 자신의 인생을 충실하게 만드는 도구로 여기기 시작했습니다. 즉 회사의 벡터 C와 개인의 벡터 i를 무리하게 중첩할 필요가 없어 졌습니다. 그 결과 회사와 개인 사이에서도 화합과 성장 을 추구하는 합벡터의 관계가 생겨난 것입니다.

저 역시 다른 사람과 일할 때면 항상 상대방의 의욕을 높이려고 노력합니다. 돈을 주는 입장이라고 해서 상대방 의 의견을 묵살하고 무조건 자기 뜻만 밀어붙인다면, 상 대방의 의욕은 절대 높아지지 않습니다. 적극적인 마음이 낮은 상태에서는 꼭 필요한 최소한의 일밖에 해주지 않을 것입니다.

하지만 업무 파트너의 방향을 먼저 확인하고 자신의 목표와 융합시켜 서로에게 도움이 되도록 협력하자는 태 도를 보인다면, 상대방도 기분 좋게 업무에 임합니다. '지 시받는 일'이 아니라 마치 '자기 일'처럼 업무를 처리하는 것입니다. 그것이 높은 시너지 효과를 창출해서 좋은 결과를 가져옵니다.

'C+i'라는 공통된 목표를 발견하고 최대한의 힘을 발휘하는 것이야말로 성숙사회에서 과제를 해결하는 본질적인 능력입니다. 다만 인간관계에서의 합벡터를 구하기는 생각보다 쉽지 않다는 사실에 주의해야 합니다. 각자가 지닌 벡터의 크기와 방향은 상황에 따라 시시각각 변화하기 때문입니다. 그러므로 순간마다 가장 적합한 벡터를 긋기 위해서는 상황을 정확히 판단하고 다양한 정보를 모아 분석하는 정보 편집 능력이 필요합니다.

변화하는 회사, 변화하는 나, 그 에너지의 화살이 어느 시점에서 딱 정해졌더라도 상황이 바뀌면 얼마든지 달라질 수 있습니다. 왜냐하면 우리가 사는 사회도 시간의 흐름에 따라 달라지기 때문입니다. 서로의 목표를 상황에 따라 고쳐나가면서 무한한 벡터 맞추기를 해야만 발전적인 관계를 유지할 수 있습니다.

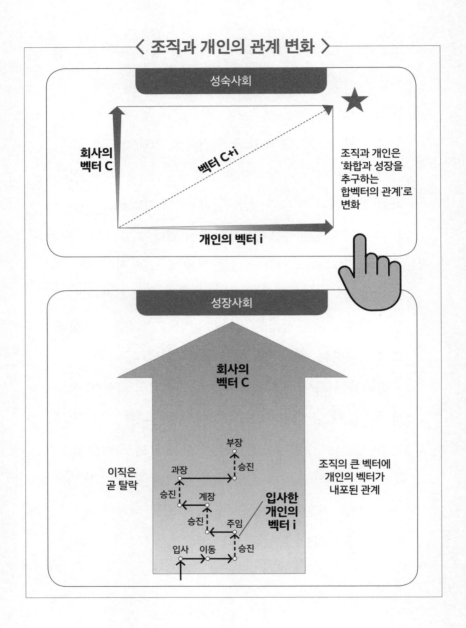

〈 조직과 개인의 관계 변화 〉

성숙사회

회사의
벡터 C

벡터 C+i

개인의 벡터 i

조직과 개인은
'화합과 성장을
추구하는
합벡터의 관계'로
변화

성장사회

회사의
벡터 C

이직은
곧 탈락

부장

과장
승진

승진
계장

승진
주임

입사한
개인의
벡터 i

입사 이동 승진

조직의 큰 벡터에
개인의 벡터가
내포된 관계

140

업무 경험
활용하기

모두가 경영자라는 마음

첫 직장인 리크루트는 수십 년 만에 벤처기업에서 일본 유수의 대기업으로 성장했습니다. 그 배경에는 조직과 개인의 합벡터가 있었습니다. 다시 리크루트의 역사를 되돌아보면 리크루트는 매우 운이 강한 회사입니다. 시대의 변화를 재빨리 감지하고 차근차근 새로운 서비스를 꾸준히 개발함으로써 크게 성장했습니다.

그러나 빠르게 성장한 만큼 파산할 뻔한 심각한 위기

도 여러 번 있었습니다. 그중에서도 가장 큰 위기가 익히 알려진 1988년 '리크루트 사건'입니다. 창업자가 다수의 정치인과 재계 인사들에게 자회사인 리크루트 코스모스사의 미공개 주식을 나눠주었고 당시 사회를 크게 뒤흔들었습니다.

보통의 회사라면 리크루트 사건과 같은 사태가 발생하면 분명히 파산했을 것입니다. 그런데 리크루트는 보통의 회사가 아니었습니다. 놀랍게도 리크루트 사건 직후부터 1992년에 다이에이 그룹의 산하로 들어가는 '다이에이 쇼크'까지 약 3년간 매출을 급속히 늘렸습니다. 신문이나 텔레비전에서 연일 리크루트를 비난하는 와중에도 리크루트의 현장에는 매출이 쌓여갔습니다.

도대체 어떻게 그런 일이 가능했을까요? 그 수수께끼의 답은 바로 합벡터에 있습니다.

리크루트는 일본 최초로 채용 광고를 체계적인 서비스로 만든 회사입니다. 그에 걸맞게 리크루트 역시 자사에 최고의 인재를 채용하기 위해 채용 과정에 막대한 투자를 했습니다. 이처럼 채용을 중시하는 방침은 리크루트를 최강의 벤처기업으로 만들었습니다.

리크루트는 무엇보다 채용을 중시하는 풍토를 창업 이래 꾸준히 지켜나가고 있습니다. 리크루트에서 관리자는 자신보다 우수한 직원을 채용하지 못하면 관리자 자격이 없는 것으로 간주됩니다. 반대로 말하면, 자신보다 우수한 사람을 곁에 두는 사람일수록 유능하다고 평가받는 것이 리크루트의 사내 문화입니다.

리크루트는 부동산, 기술, 특허, 현금보다 인재가 더 큰 레버리지leverage를 낳는다는 사실을 믿고 있는 회사입니다. 리크루트의 창업자는 이러한 풍토를 만든 것 하나만으로도 다른 경영사에 길이 남을 위대한 공적을 세웠습니다. 이처럼 채용을 중시하는 문화의 배경에는 회사와 사원이 서로의 방향성을 끊임없이 확인하면서, 목표를 맞춰 나가려는 노력을 아끼지 않았던 역사가 있습니다.

리크루트에는 '모두가 경영자다'라는 말이 있습니다. 그래서 리크루트는 직원 개개인부터 아르바이트에 이르기까지 모든 회사 구성원에게 경영 정보를 공개합니다. 그리고 직원은 자영업자와 책임자 의식을 지니고 회사 업무에 임합니다.

리크루트의 풍토 안에서 일하는 직원은 자신이 회사 인간이 아니라 회사 내 개인이라는 분위기를 느낍니다. 직함은 있지만 그것은 어디까지나 일시적일 뿐, 지금 일하는 사람은 나, 그리고 개인이라는 의식이 철저합니다.

새로운 경영 방식

리크루트에서는 '근무지를 스스로 결정한다'는 정책도 직원의 성장을 후원하는 중요한 요소입니다. 리크루트에서는 인사이동이 다른 회사에 비해 많은 편인데 그것은 개개인이 자신의 능력을 더욱 발휘하기 위해 사내 이직을 반복하는 것이 당연한 풍토이기 때문입니다.

제가 일하던 시절에는 1년에 네 번, 직원들에게 설문 조사표가 배부되었습니다. 그 표에는 '지금 하는 일에 만족하나요?', '상사는 당신의 이야기를 잘 들어주나요?', '앞으로 맡고 싶은 일이 있습니까?'라는 질문이 포함되어 있었습니다. 즉 '당신은 지금 하고 있는 일을 앞으로도 계속하고 싶습니까?'라는 물음을 통해 직원이 이루고 싶은 목표를 끊임없이 파악하려고 노력한 것입니다.

직원이 제출하는 설문 조사표는 상사를 건너뛰고 인사 책임자에게 직접 전달됩니다. 그래서 인사부는 현장 직원들의 희망을 누락 없이 온전히 파악할 수 있었습니다. 상사가 우수한 부하를 자기 부서에 잡아두려고 부하의 근무지 변경 신청을 무시하는 꼼수가 일어나지 않도록 체계화된 제도입니다.

왜 리크루트는 그러한 정책을 도입했을까요? 그 이유는 스스로 원해서 하는 일과 남들이 시켜서 하는 일 사이에서는 생산성과 부가가치의 차이가 몇 십 배나 난다는 사실을 리크루트의 경영진이 잘 알고 있었기 때문입니다.

상사의 입장에서는 부하들과 함께 성과를 내지 못한다면 머지않아 근무지를 옮기고 싶다는 부하들의 설문 조사표가 연이어 나오는 게 두려워질 것입니다. 상사는 그렇게 되지 않도록 부하와 공통의 목표를 세우고 서로에게 이득이 되는 관계를 만들려고 노력하게 됩니다. 이것이야 말로 리크루트를 단기간에 거대 기업으로 성장시킨 경영 방식이라고 생각합니다. 개인을 존중하면서 회사라는 거대 조직으로서의 단합도 유지하는 그 아슬아슬한 벡터 맞추기를 끊임없이 지속하기 위해 노력해 온 것입니다.

리크루트는 4,000명의 직원을 부서 등의 조직 단위로 관리하는 것이 아니라, 4,000명의 직원 개개인과 개별적으로 벡터 맞추기를 실시합니다. 리크루트라는 조직의 '벡터 C' 하나에 대해 사원의 '벡터 i'는 4,000가지가 있습니다. 이들과 개별적으로 맞춰나가려는 노력을 아끼지 않았기 때문에 직원들의 힘이 회사의 힘으로 직결될 수 있었던 것입니다.

리크루트가 인재 배출 기업이라고 불릴 만큼, 리쿠르트 출신자 중에는 저명한 기업가가 많습니다. 그 이유가 무엇일까요? 직원들이 리크루트에서 화합과 성장을 추구하는 관리자로 자연스럽게 성장하기 때문입니다. 그런 직원이 리크루트에서 독립해서 벤처기업을 창업하면 역시나 리크루트와 같은 방식으로 경영을 이어나가면서 자신들의 회사를 발전시킵니다. 리크루트는 그런 의미에서 일본 경제의 비즈니스 스쿨로서 큰 역할을 담당하고 있습니다.

지금까지 업무면에서 합벽터의 효과를 소개했습니다. 여러분도 글을 읽으면서 회사에서 일하던 과거의 경험이 자연스럽게 떠올랐을 겁니다. 분명히 지금까지 일하면서 셀 수 없을 만큼 많은 합벽터를 경험하고 실행으로 옮겨 왔을 겁니다.

이번 장의 핵심은 지금부터입니다. 업무에서 다양한 관계를 경험하고 발전시킨 당신이기에 분명 '가족과의 관계'에서도 서로 존중하며 화합과 성장을 이끌어낼 수 있을 겁니다.

타인과의 관계를
활용하기

타인으로서의 부부

부부 관계에서도 60대가 되면 가족이 아니라 타인으로
관계를 재정립할 필요가 있습니다. 가족 관계는 다음과
같이 세 가지 정도로 분류할 수 있습니다.

목말 태워주는 관계
업고 안아주는 관계
서로 껴안는 관계

〈 가족의 세 가지 관계 〉

목말 태워주는 관계

업고 안아주는 관계

서로 껴안는 관계

목말을 태워주거나 업고 안아주는 것은 부모가 자식을 대할 때의 관계입니다. 서로 껴안는 관계는 사랑하는 부부 사이의 관계라고 할 수 있겠지요. 이런 관계는 가족이기 때문에 허용되며, 친밀함과 안정감이 밑바탕 되어 있을 때 형성됩니다. 사회적인 업무에서는 이러한 관계는 오래가지 못하고 갈등의 원인이 되기도 합니다.

성숙사회의 가족 관계는 식구를 넘어 타인끼리로서도 연결되어야 한다고 생각합니다. 남이라는 의미에서의 타인이 아니라, 화합과 성장을 추구하는 타인으로서의 관계를 구축하는 것을 의미합니다.

예를 들어 결혼에 대해 생각해 봅시다. 개인적인 경험이나 주변 사람들을 살펴본 바로는 어떠한 결혼이든 상대방에게 정답을 강요하면 서로 행복해질 수 없다고 단언할 수 있습니다. 왜냐하면 사귀고 있었을 때는 최고의 반려자가 될 것으로 느꼈던 상대방도 결혼한 이후로 날마다 조금씩 변화하기 때문입니다.

배우자뿐만 아니라 여러분 자신도 반드시 달라집니다. 사귀기 시작한 지 3년 정도까지는 보이지 않던 변화가

10년, 20년이 지나면 자연스럽게 눈에 보이기 시작합니다. 게다가 부부 사이에 아이가 생기면 관계성은 크게 달라집니다. 시간이 흐름에 따라 달라지는 두 사람은 친밀하게 껴안는 관계에서, 서로 다름을 인정하는 관계로 변화하는 것이 결혼 생활의 실상입니다.

인간은 혼자 있으면 다른 사람으로부터 받는 자극이 없기 때문에 성장 속도가 둔화됩니다. 어쩌면 인류는 굳이 어려움이 많이 발생하는 결혼이라는 시스템을 채택함으로써 이질적인 타인과의 벡터 맞추기에 꾸준히 도전하는 길을 선택했는지도 모릅니다. 자유가 대폭 제한되는 불이익을 감수하면서까지 결혼이라는 무한한 벡터 맞추기를 지속함으로써 사람은 인간적으로 끊임없이 성장할 수 있습니다.

육아라는 사업

육아 역시 많은 것을 배울 수 있는 벡터 맞추기의 기회입니다. 육아가 시작되면 둘 사이의 관계는 확연한 변화를 맞이하게 됩니다. 그동안 연인 사이의 연장선에 있던 관계에 육아라는 새롭고 중요한 임무가 부부의 공동 프로젝트로 발생합니다. 이때 많은 부부가 의견 대립을 겪으며 옥신각신하는 경우가 많습니다. 그 이유는 아이가 생기면서 부부의 마음가짐이 바뀌기 때문입니다.

회사 업무에 비유하면 전혀 문화가 다른 두 회사가 조인트벤처joint venture를 만들어 합동으로 신규 사업을 성공적으로 이끄는 것과 비슷합니다. 이러한 창업의 경우에는 사전에 모든 리스크를 설정하고 업무에 임합니다. 하지만 육아의 경우에는 어려움을 사전에 인식하고 아이를 키우기 시작하는 부부는 극히 드뭅니다.

아이는 부모에게 무조건적으로 귀여운 존재입니다. 출생 소식을 들은 조부모, 친척, 친구, 지인들은 진심으로 축복해 주고, 태어나서 한동안은 부모도 아이를 돌보기 위해 안간힘을 씁니다. 그래서 육아라는 사업이 얼마나 어려운지 처음에는 좀처럼 깨닫지 못합니다.

그러나 부부 사이는 사실 20년 이상, 때로는 30~40년이나 다른 환경과 문화 속에서 살아온 남입니다. 육아 분야에서도 서로가 자라온 가정으로부터 강한 영향을 받는 것은 당연합니다. 훈육에 엄격했는지, 방임주의였는지, 과보호였는지, 사치스럽게 자랐는지, 예의를 중시했는지, 어렸을 적 용돈은 얼마였는지에 따라 육아 태도는 달라집니다. 또한 아버지가 직장인이고 어머니가 전업주부인 가정에서 자란 사람과, 부모가 함께 가게를 운영하는 자영업자 가정에서 자란 사람도 완전히 다른 어린 시절을 보냈을 것입니다.

이처럼 다른 배경의 가정에서 자란 남녀가 어느 날 갑자기 아버지와 어머니가 됩니다. 그것이 바로 육아의 실상입니다. 학교에서도 부모가 되기 위한 교육은 이루어지지 않습니다. 그런 두 사람이 갑자기 육아라는 전쟁터로 내몰립니다. 입시나 학교 시험과 달리 육아에는 정답이 존재하지 않으며, 젊은 부부에게 육아법을 조언해 주는 사람도 드뭅니다.

하물며 아이는 생명체입니다. 태어나는 순간부터 정답 없는 질문을 부모에게 무한히 던집니다. 기저귀는 더러워

지지 않았고, 우유는 방금 줬는데, 갑자기 스위치가 켜진 것처럼 울기 시작하더니 울음을 그치지 않습니다. 회사에서 체계적으로 업무를 수행하는 사람일수록 아이의 대책 없는 울음에는 어쩔 줄 몰라 합니다.

보통 사람은 문제가 생겼을 때 원인을 분석하고 올바른 대처법을 고민해서 순차적으로 문제를 처리하는 데 익숙합니다. 그런데 육아는 원인도 모르고, 처리도 불가능하고, 하물며 정답도 없습니다. 정답을 모르는 질문들이 매일같이 눈앞에서 새롭게 펼쳐집니다. 그렇기에 육아는 사람을 성장시키는 아주 중요한 훈련이라 표현하기도 합니다. 육아에서 발생하는 여러 과제에 대처하는 것은 회사의 운명을 좌우하는 신규 사업을 맡게 되는 것과 같습니다.

갓난아기 시절을 벗어나 3~5세 무렵이 되면 육아 방침을 놓고 부부간의 차이가 벌어집니다. 어느 유치원에 보낼지, 무엇을 먼저 가르칠지 등 매일매일 또 다른 문제가 생겨납니다. 한고비를 겨우 넘기고 다음 단계로 넘어왔지만 아쉽게도 여기서도 정답은 존재하지 않습니다.

진학 문제에서는 그 격차가 더 커질 수 있습니다. 도쿄를 비롯한 일본의 도시 지역에서는 최근 10년 동안 중학교 수험 열기가 과열되어 일류로 꼽히는 사립 중학교에 합격시키려면 초등학교 3~4학년 무렵부터 입시 학원에 보내는 것이 상식이 되었다고 들었습니다. 게다가 바래다주기, 도시락 싸기, 숙제 체크 등 엄마가 바짝 옆에 붙어 돌보지 않으면 합격을 장담할 수 없다고 합니다. 개인적인 의견을 말하자면, 그런 상황은 비정상이라고 생각합니다. 하지만 아이의 장래와 가능성을 최대한 넓혀두고 싶은 부모의 마음도 이해하지 못할 바가 아닙니다.

예체능 학원에 관해서도 야구, 축구, 수영, 발레 중 무엇을 시킬지를 놓고 부모의 육아 방침이 대립할 수 있습니다. 피아노나 발레 같은 특기는 어머니가 어렸을 때 배우고 싶었지만 배우지 못했거나 아무리 연습해도 실력이 늘지 않았다는 이유로 아이에게 시킬 수도 있습니다.

자신의 대리만족을 위해 아이에게 부모의 희망을 강요하는 것은 아이의 의사와 아무런 상관도 없는 일입니다. 그것이 부부가 언쟁을 벌이는 씨앗이 될 수도 있습니다.

이처럼 육아라는 것은 아이의 성장에 수반하는 모든 상황에서 무한한 벡터 맞추기를 발생시키는 일입니다.

애초에 모든 아이에게 공통된 정답은 없습니다. 그렇기 때문에 부부 사이는 기본적으로 다른 역사와 문화적 배경을 지닌 타인끼리의 관계라고 생각하는 편이 좋습니다. 가족이기 때문에 굳이 말 안 해도 다 이해해 주는 관계여야 마땅하다고 여기는 것은 잘못된 생각입니다. 오히려 남이기 때문에 당연히 통하지 않는다고 생각해야 합니다. 통하지 않는 타인과 공동 프로젝트를 수행하고 있다고 생각하는 편이 육아를 순조롭게 해나가는 방법입니다.

부부의 대화가 줄었다면

육아가 종료 단계를 맞이하면 왜 부부의 대화가 사라지게 되는 것일까요?

육아 중에 끊임없이 생겨나는 어려움은 부부간 공통의 적이기 때문에 그동안 부부는 전우처럼 끈끈한 사이로 지낼 수 있습니다. "이 학원은 안 좋아!", "저 동아리는 그만 두게 하는 편이 좋겠어"라는 식으로 공통의 대화가 얼마든지 이루어집니다. 그러나 대학교 입시라는 대규모 프로젝트가 끝나면, 공통의 적을 상정하는 공동전선도 끝을 맺습니다. 그래서 육아라는 전쟁터에서의 대화는 자연스럽게 사라지게 되는 것입니다.

또 다른 예로는 학교 교사가 부모에게는 '공통의 적'이 될 수 있습니다. "이번 담임교사는 숙제를 너무 많이 내주는 것 같아!", "교감 선생님이 학교에서 벌어진 왕따 사건을 숨기려는 거 같은데?"라는 식의 대화가 부부 사이에서 자연스럽게 이어집니다. 이처럼 부부에게 공통의 적이 있는 동안에는 서로 전우가 된 심정으로 활기찬 대화를 하게 됩니다.

그러나 자녀가 성장하고 고등학교나 대학교 입학해서 기숙사에 들어가거나 방을 구해 독립하게 되면 부부의 전우 관계가 해소되고 공통의 화제가 확 줄어들게 됩니다. 육아라는 부부의 신규 사업이 일단락되었기 때문에 다음 프로젝트가 없으면 대화를 이어가기 쉽지 않습니다.

더구나 남편이 집 밖에서만 활동하던 사람이라면 퇴직 후 심각한 사태가 찾아옵니다. 전업주부인 아내는 학부모 회나 반상회에 적극적으로 참여하고, 테니스 동호회나 여행 동호회 등 여러 모임과 인맥을 이미 구축하고 있을지도 모릅니다. 대체로 남성보다 여성이(회사 이름이나 명성에 의존하지 않는) 의사소통 능력이 높은 법이니까요.

반면에 인간관계를 회사에만 의존하던 남편은 회사 밖의 인간관계를 거의 맺고 있지 않습니다. 그러므로 아내가 40대에서 50대에 걸쳐 쌓은 커뮤니티에 60대가 된 남편이 갑자기 낙하산 부대처럼 내려앉기는 쉽지 않습니다. 제2장에서 커뮤니티를 사는 곳에 돈을 사용하라고 권장한 이유도 여기에 있습니다.

어떤 부부라도 육아가 끝나면 부부간의 대화는 줄어듭니다. 애초에 타인이었던 부부는 육아라는 신규 사업을 끝낸 후에 새로운 관계를 추구하며 에너지의 화살표를 다시 그어야 합니다.

다음 단계의 화살표를 긋는 방법에 대해 구체적으로 생각해 봅시다. 육아를 마무리한 후 어떤 공통의 프로젝트를 실천할지 미리 결정하는 것이 좋습니다. 이는 육아가 마무리되기 3년 전부터 슬슬 준비하는 편이 바람직합니다. 구체적으로는 다음과 같은 활동을 들 수 있습니다.

· 집의 한쪽 공간을 카페처럼 꾸며 지역 주민들이 교류하는 장으로 사용하기
· 부부가 함께 지역 자원봉사, 동아리, 재해 지원 단체 등 가입해서 활동하기
· 아내가 취미로 만드는 액세서리를 남편이 플리마켓 또는 온라인에서 판매하기

위와 같은 부부 공통의 프로젝트가 있다면 아이가 부모를 떠나 독립하더라도 부부는 서로의 취향을 맞춰가며 소통을 이어갈 수 있습니다. 만약 공통의 프로젝트를 찾기가 힘들다면 반려동물을 키워보는 것도 추천합니다. 대화가 사라진 부부 사이라도 개를 키우게 된다면 "먹이는 언제 줬어?", "저녁 산책하러 나갔어?"라는 식으로 반려견의 생활을 중심으로 대화가 자연스럽게 이어집니다.

서로의 다름을 존중하고 공통의 프로젝트를 실행하면서 대화를 거듭해 온 부부의 대부분은 가족 외의 타인과도 소통을 잘합니다. 부부 중 한쪽이 먼저 세상을 떠나면 홀로 남은 배우자는 커뮤니티의 동료들과 좋은 관계를 유지해야 고독한 만년을 보내지 않을 것입니다.

타인과의 벡터 맞추기 기법을 평소에 잘 익혀두어야 즐거운 노후를 보내는 데 큰 도움이 되는 것입니다. 여성보다 남성이 노후에 고독해질 위험이 크다고 알려져 있기에 집단에 속해 회사 인간으로 살았던 남성은 평소에 특히 더 유념해야 합니다.

지금까지 화합하며 성장하는 관계를 중심으로 이야기를 진행해 왔습니다. 결혼이든 육아든 가족이든 '무한한 벡터 맞추기'의 장입니다. 게다가 다양성이 존중되기 때문에 온갖 답이 모두 정답이 될 수 있는 열린 공간이기도 합니다. 이러한 가족 간의 '벡터 맞추기'는 언제 시작해도 늦지 않습니다. 여러분의 취향을 살릴 수 있는 개성적인 관계를 만드는 일에 도전해 보세요.

토요 배움터

관점을 넓혀 학교가 지역사회와 벡터 맞추기를 한 일화를 소개합니다. 47세부터 5년간 임했던 스기나미구립 와다중학교의 운영에 대한 이야기입니다. 중학교 운영에 대해서도 합벡터라는 개념은 매우 유효했습니다.

와다중학교에서는 정규 교사 외에 수많은 분을 모시고 학생의 학습과 성장을 위한 교육을 했습니다. 그분들과 합작해서 열린 학교의 모델을 만들고 싶었기 때문입니다. 그중에서 구체적인 사례 두 가지를 소개합니다.

첫 번째는 '토요 배움터'입니다. 토요 배움터는 20년 가까이 지난 지금도 존속하고 있으며 와다중학교의 문화로 완전히 정착되었습니다.

토요 배움터를 시작한 이유는 여러 가지 사정으로 집에서 공부하기 어려운 학생들이 많다는 사실을 깨달았기 때문입니다. 예를 들어, 경제적으로 어려운 미혼모 가정이라서 집에 돌아가도 게임밖에 할 일이 없는 학생, 학원

에도 제대로 다니지 못하는 학생이 많았습니다. 학교 말
고는 편하게 있을 만한 장소도 딱히 없었습니다. 갈 곳 없
는 학생들을 위해서 토요일 오전에 학교를 개방하고 간단
한 학습을 도와주는 자리를 마련한 것입니다. 그리고 원
하는 학생은 누구나 참여할 수 있도록 했습니다.

　문제는 선생님을 찾는 것이었습니다. 정규 시간 외에
교사에게 부탁할 수는 없기 때문에 자원봉사자를 모집하
는 방법밖에 없었습니다. 그래서 생각한 방법이 '교사가
되고 싶은 대학생'을 모집하는 것이었습니다. 대학생들의
입장에서도 중학생을 가르치는 경험은 앞으로 교사가 되
는 데 큰 도움이 될 거라고 생각했습니다.

　처음에는 자원봉사자로 지원한 대학생이 단 한 명뿐이
었습니다. 토요 배움터에 참여한 중학생도 딱히 할 일이
없어서 온 느낌의 15명 정도밖에 되지 않았습니다. 그러
나 토요 배움터는 꾸준히 성장해서 몇 년 후에는 30명 이
상의 대학생 자원봉사자들이 교대로 학생들을 교육하게
되었고, 매주 200명이 넘는 중학생들이 다니게 되었습니
다. 와다중학교의 전교생이 320~330명 정도이기 때문에

전교생의 절반 이상이 매주 토요 배움터를 찾는다는 뜻입니다.

토요 배움터의 자원봉사를 꾸준히 실천한 대학생들은 중학생들과 소통하며 실천적인 수업 훈련을 한 덕분에 성공적으로 교사의 길을 나아갈 수 있었습니다. 교사가 되지 않고 일반 기업에 취업하거나 공무원이 된 학생들에게도 학창 시절에 중학생들을 가르쳤던 경험은 직장인으로서의 성장에 큰 자양분이 될 것입니다.

지역에서 활약하는 사회인이나 기업을 퇴직한 60대 이상의 분들도 선생님으로 참여하게 되면서 토요 배움터는 더욱 발전했습니다. 지역 어른들과 중학생들의 흔치 않은 교류는 중학생들의 정서적인 성장을 도와주었습니다. 그렇게 토요 배움터는 학생들의 편안한 거처가 되었습니다.

현재도 토요 배움터의 인적 네트워크는 활발하게 작동하고 있습니다. 동창회도 생겼고 봉사활동을 통해 커플이 되어 결혼한 사람도 있습니다. 토요 배움터에서 공부했던 중학생이 교사의 꿈을 품고 대학생이 되어 자원봉사자로 활동하는 일도 있었습니다. 토요 배움터가 진정한 커뮤니티가 되었음을 절실히 느낀 순간이었습니다.

와다중학교의 학생, 대학생 자원봉사자, 그리고 지역사
회에 큰 변화를 가져온 '토요 배움터' 역시 '중학생'과 '교
사가 되고 싶어 하는 대학생'의 벡터 맞추기로부터 출발
한 것입니다.

학교와 지역을 하나로

벡터 맞추기의 두 번째 사례는 와다중학교에서 시작한
'지역본부'입니다. 지역본부는 와다중학교 졸업생, 학부
모, 지역 주민, 대학생 등 다양한 자원봉사자들로 구성된
학교 지원 조직입니다. 와다중학교에서는 2003년에 시
작해서 한때는 100명 이상의 자원봉사자가 있었습니다.

지역본부를 시작한 이유는 학교 사무 업무로 인해 교
사들의 부담이 증가해서 수업과 동아리 활동 외의 일을
더는 맡길 수 없다고 판단했기 때문입니다. 학교를 운영
하는 데 교무실의 힘만으로는 한계가 있지만, 학생들의

배움을 더욱 풍요롭게 하고 싶다는 희망을 포기하기도 싫었습니다. 그래서 지역 커뮤니티의 인재를 발굴해 보기로 한 것입니다.

그중에서 가장 화제가 된 것은 매주 수요일에 공개적으로 열리는 '세상학과 수업'입니다. 학교에서 배우는 지식을 실제 사회에서 활용할 수 있도록 세상학과에서는 지금까지 중학교에서 가르치지 않았던 실천적이고 철학적인 주제로 수업을 진행했습니다.

예를 들면 '사회에 나가서 돈을 버는 어른이 되려면 어떻게 해야 할까?', '집단 괴롭힘을 없애려면 어떻게 해야 할까?', '결혼과 이혼에 대해', '자살과 안락사에 대해', '인간에게 종교는 어떤 의미인가?' 등 정답은 없지만 살아가는 데 중요한 문제에 대해 아주 진지하게 논의하는 수업입니다. 철학과와 비슷한 셈이지요.

'세상학과'는 현재 문부과학성에서 권장하고 있는 수업 기법인 액티브 러닝 방식의 본보기로 탄생했으며, 브레인스토밍이나 토론을 많이 활용해서 학생의 사고력, 판단력, 표현력을 키우는 수업입니다. 그래서 교장 재임 기간인 2003년부터 2008년까지 전국 학교와 교육위원회의 관계자, 시의회 의원들이 끊임없이 견학을 오게 되었습니다.

세상학과 수업에 교육 관계자들을 참여시켜 학생들과 직접 토론하도록 했습니다. 꼭 교육 관계자가 아니더라도 교사가 되고 싶어 하는 대학생들이나 지역사회의 어른들도 자유롭게 참여해서 학생들과 논의를 벌였습니다. 학생 80명과 어른 40명이 두 반으로 나뉘어 토론하는 모습이 매우 활기찼습니다.

그리고 세상학과 수업을 통해 지역본부에 참여할 인재를 모집했습니다. 결국 평일의 세상학과 수업은 지역본부가 주최하는 토요 배움터와 떼려야 뗄 수 없는 관계로 발전했습니다.

임기가 다른 두 명의 문부과학성 대신이 연속으로 세상학과에 시찰을 나왔습니다. 마침내 문부과학성은 50억 엔의 예산을 들여 전국 공립학교에 지역본부와 세상학과를 보급하기로 결정했습니다. 이렇게 탄생한 지역본부(지금은 이름이 바뀌어 지역학교협동본부)는 2008년부터 전국으로 보급되기 시작해서 10년 이상이 지난 현재, 1만 7,000여 곳의 학군(전체 공립 초중학교의 60%)으로 확산되었습니다.

학교는 교무실 교사만으로 운영하기가 힘들기 때문에 지역사회 어른들의 도움을 받아야 한다는 저의 메시지는 이제 문부과학성의 굳건한 방침이 되었습니다.

'지역본부'라는 아이디어도 '중학교'와 '지역사회의 커뮤니티' 사이의 합벡터라는 발상에서 생겨났습니다. 학교 교사들과 지역의 유능한 인재들이 지역본부로 연결되었습니다. 자전거의 두 바퀴처럼 학교를 공동으로 운영하면서 '커뮤니티 스쿨'에 한 발짝 다가갔습니다. 이로써 학부모의 다양한 요청과 자녀에 대한 복잡한 고민을 들을 수 있는 자리가 마련되었고, 학습 내용의 변화에도 적절히 대응할 수 있게 되었습니다.

와다중학교의 사례를 바탕으로 '팀 학교'라는 말이 문부과학성을 통해 퍼져나갔습니다. 팀 학교는 학교의 벡터와 지역사회의 벡터가 합벡터로 합쳐지는 모습을 표현한 말이라고 생각합니다.

아이가 부모를 키운다

마지막으로 부모와 아이의 관계에 대해 이야기해 보겠습니다.

먼저 말씀드리고 싶은 것은 '아이가 부모를 키운다'는 사실입니다. 저 같은 경우에도 제 아이가 저를 아버지로 만들어 주었습니다. 제가 아버지가 된 1990년대에는 성장사회에서 성숙사회로 대전환이 시작되고 있었습니다. 그것은 20세기 고도 경제성장기에 정답으로 여겨졌던 강력한 가부장의 시대가 끝났음을 의미했습니다. 정답이 없는 시대에는 아버지가 아이를 가르치는 동시에 본인 역시 배워야만 합니다. 저 역시 아이를 키우면서 열심히 많은 것들을 배워나갔습니다.

결혼해서 아이를 셋이나 두었을 뿐, 아버지의 역할에 대해 진지하게 생각해 본 적이 없었습니다. 아이를 키우는 기쁨은 있었지만 생명이 성장하는 게 경이로웠을 뿐, 아버지로서의 역할을 성찰할 기회가 없었고 필요 의식조차 느끼지 못했습니다.

한편으로는 당시에 회사 업무에서 높은 벽에 부딪힌 느낌이 들었습니다. 진행하던 사업이 중단되어 직원들이 뿔뿔이 흩어졌습니다. 그 답답함을 해소하기 위해 저는 가족을 데리고 해외에 나갔다 오기로 결심했습니다. 네 살짜리 큰아들 외에 아내가 8개월의 작은아들을 임신하고 있었을 때였습니다.

런던에서 네 살짜리 큰아들을 키우면서 제가 얼마나 무의식중에 아버지의 모습을 닮아가고 있는지 깨달았습니다. 그때까지의 저는 사춘기의 반항심이 남아 있었는지 되도록이면 아버지와 다른 인생을 살려고 했습니다. 그런데도 큰아들을 꾸짖을 때면 왠지 아버지에게서 물려받은 아버지다움을 떨쳐낼 수 없었습니다.

그리고 저도 모르는 사이에 보수적인 사고방식을 아들에게 투영하려 한다는 사실을 깨달았습니다. 저는 고도 경제성장을 담당할 경제 전사들을 대량으로 생산하는 획일적인 교육을 받았고, 그 그림자가 저와 아들의 관계성에까지 드리우고 있었던 것입니다. 제 말과 태도의 구석구석에 케케묵은 때가 묻어 있음을 깨닫고 기겁했습니다.

저는 무의식중에 아버지의 방식처럼 아이를 키우며 가르
치고 있었습니다.

아버지이기 때문에 배운 것

'나는 아버지로서 아이에게 무엇을 해줄 수 있을까?'

저는 처음으로 진지하게 생각했습니다. 그와 동시에 제
가 살아온 환경, 부모와의 관계, 학교 분위기, 배움의 경험
등을 되짚었습니다. 제가 태어날 무렵부터 꾸준히 성장한
일본 경제와 사회가 저에게 미치는 영향은 무엇인지, 직
장인으로서 일하는 제 생각과 가치관에 어떤 영향을 미치
고 있는지 하나하나 고민했습니다. 그러자 차츰 알아차리
게 되었습니다. 제가 가족을 대할 때의 말과 행동이 성장
사회의 속박으로부터 자유롭지 못하다는 사실을 깨닫게
되었습니다.

"빨리 해라."

"똑바로 해라."

"착한 아이가 돼라."

아들에게 이 말을 몇 번이나 했을까요? 저는 이 속박에서 아들을 풀어줘야 한다고 다짐했습니다. 생각해 보면 저는 '빠르게', '똑바로' 일하던 '착한' 직장인이었습니다. 육아를 통해 비로소 마음속 깊은 곳에 각인된 속박을 깨닫게 된 것입니다. 제 안에서 '성전'이 시작되었습니다. 여러 번 스스로에게 타일렀습니다.

'빨리!'라고 말하지 말아야지.

'똑바로!'라는 말도 안 해야지.

'착하게 굴어!'라는 말도 금물.

강렬한 속박을 풀기 위해 몇 번이고 마음속으로 되풀이했습니다. 이렇게 해서 내면에서는 새로운 부성의 형태가 형성되어 갔습니다. 일단 제가 어떤 속박을 받아왔는지 깨달았으니, 이제 아이에게 그 속박을 풀어주는 것이야말로 부성이 아닐까 생각했습니다.

아버지가 존재하는 의미는 아이에게 상식을 강요하는 것이 아니라, 아이와 함께 상식을 뒤집는 데 있다고 생각했습니다. 아버지답게 행동하면 아버지가 되는 것이 아니라, 세상의 상식으로 여겨지는 개념을 깨뜨리기 위해 아이와 함께 폭탄을 던지는 것이 아버지라는 존재의 의미라고 생각한 것입니다.

이렇게 아들과의 관계를 재구축하면서 얻은 발상은 그대로 교육 개혁 실천가로서의 활동으로 이어졌습니다. 제 목표는 교육계에 만연한 정답 지상주의, 복지부동, 무사안일주의를 배제하고, 획일적인 교육을 타파하는 새로운 교육 시스템을 만드는 것입니다. 이것은 아들을 키우면서 제가 사로잡혀 있던 속박을 깨달은 덕분입니다. 스스로 속박에서 벗어나려고 했던 노력으로부터 모든 것이 시작된 것입니다.

큰아들은 잘 자라서 결혼까지 했고, 지금은 리크루트 출신이 창업한 회사에서 글로벌 업무를 담당하고 있습니다. 큰아들이 앞으로 어떤 삶을 살아갈지는 모르겠습니다. 제가 할 수 있는 일은 일본 사회를 뒤덮고 있는 보수적인 교육계의 망령인 정답 지상주의, 복지부동, 무사안일주의를 끊임없이 깨부수는 것입니다. 성전은 여전히 계속되고 있습니다.

PART 3. 가족

60세는 두 번째 출발선에 선 새로운 인생의 무대가 시작되는 나이입니다. 아내, 남편, 아이, 그리고 다른 사람과의 관계를 어떻게 재정립하고 새롭게 쌓아갈지 살펴봐야 합니다.

세 가지 인간관계

· 공통의 목표를 가지고 마주 보는 관계

· 같은 방향의 목표를 향해 나란히 선 관계

· 화합과 성장을 추구하는 합벡터 관계

세 가지 가족 관계

· 목말 태워주는 관계

· 업고 안아주는 관계

· 서로 껴안는 관계

성공적인 관계를 위한 핵심 전략

· 공통의 프로젝트 만들기

· 다양성 존중하기

인생은 객관식 문제가 아닙니다. 상황에 맞게 서로가 이해하고 받아들일 수 있는 정답을 찾으며 서로 꾸준하게 맞춰가야 합니다.

일, 결혼, 육아는 모두 다름을 존중할 때 발전할 수 있습니다. 이것이야말로 성숙사회를 살아가기 위한 올바른 방법이라 생각합니다.

지금까지 수십 년의 업무 경험에서 다양한 관계를 발전시킨 당신이라면 어떤 관계에서든 무한한 벡터 맞추기를 성공할 수 있습니다. 끊임없이 성장하며 창조적인 관계로 발전하길 바랍니다.

아르 드 비브르

art de vivre

인생은 무한한 벡터 맞추기입니다. 프랑스인의 생활신조를 힌트로 삼아 성숙사회에서의 가족에 대해 이야기해 보겠습니다.

프랑스인의 삶 속에는 '아르 드 비브르art de vivre'라는 개념이 있습니다. 그들의 생활 습관에 깊이 뿌리내린 삶의 철학입니다. 영어로 하면 'art of life'이고 '삶의 예술'이라는 의미를 담고 있습니다. 약간 뜬구름 잡는 말일지도 모릅니다. '예술적인 삶', 혹은 '예술로서의 아름다운 삶'이라니 도대체 무슨 뜻일까요?

먼저 프랑스인의 사고방식을 알아야 합니다.

'남을 온전히 이해할 수는 없다. 왜냐하면 다른 사람이니까.'

이 '남'에는 부부와 자식, 그리고 연인까지 포함됩니다. 이는 결코 절망스러운 사고방식이 아닙니다. 오히려 그 반대입니다.

'이해할 수 없으니까 함께 새로운 것을 창조할 수 있다.'

'애초에 서로 이해할 수 없는 상대방과 굳이 소통하려 하는 것은 무언가를 창조하는 원천이다.'

이러한 생활신조가 바로 '아르 드 비브르'입니다.

이렇게 말하는 젊은 프랑스인도 있었습니다.

"그건 신데렐라의 호박을 마차로 바꾸는 것과 같아요."

예를 들어, 아침에 전철 한 대를 그냥 보내고 여유롭게 출근합니다. 퇴근길에는 한 정거장 먼저 내려 천천히 걸어서 귀가합니다. 그 과정에서 사소한 발견을 하게 됩니다. 건물 하나, 가로수길 하나에서 시간의 흐름을 느끼면서 스스로 시간을 주도할 수 있습니다. 더 나아가 일상생활의 재미를 발견하고 풍요롭게 만들 수 있습니다.

일상이라는
무대를 연출한다

파리에서 1년 4개월 정도 살았습니다. 일본에서 태어난 큰아들을 키우며 런던에 살았고, 그곳에서 작은아들이 태어났고 파리로 이주했습니다. 파리에서는 딸이 태어났습니다. 프랑스인 가정에 저녁 식사 초대를 받고 부부끼리 간 적이 있습니다. 프랑스인의 저녁 식사는 푸짐했습니다. 고급스러워 보이는 와인도 대접받았습니다.

"멋진 와인이군요. 맛도 향기도 일품이에요. 어떤 브랜드인가요?"
저는 눈을 부릅뜨고 브랜드명을 읽으려고 했습니다.
"그게 무슨 상관인가요? 이렇게 즐겁게 마시는 시간이 중요하지요."
저희를 대접해 준 프랑스인은 그렇게 대답했습니다.

그윽한 와인의 맛과 함께 새로운 가르침을 받는 순간이었습니다. 와인은 주인공이 아니라 어디까지나 수단일 뿐입니다. 주인공은 우리의 시간입니다. 인생을 풍요롭게 물들이기 위해 수단을 활용하면 일상 속의 우연한 발견과 새로운 만남이 등장합니다. 그것들을 최대한 활용해서 감동을 느끼는 신조가 바로 '아르 드 비브르'입니다.

프랑스인은 자신의 인생을 한 편의 영화라고 생각하면서 각자 주인공과 조연을 맡고 있는 것 같습니다. 영화는 어떻게 연기하느냐에 따라 그 가능성이 무한합니다. 그렇기 때문에 소중한 사람과의 관계에서 끊임없이 새로운 창조성을 추구하는 것입니다. 삶을 영위하다가 죽음을 맞이할 때까지 사람은 타인을 온전히 이해할 수 없다는 절대적인 고독감은 무한한 벡터 맞추기를 장려하는 철학입니다.

앞으로 30년, 당신은 소중한 가족이나 배우자와 어떤 역할을 연기하고 싶나요?

Part 4

죽음

죽음을
의식하는 방법

죽음이라는
수수께끼

애니메이션 신과의 만남

리크루트에서 근무하던 시절, 데즈카 오사무手塚治虫와 함께 일을 한 적이 있습니다. 〈철완 아톰〉과 〈블랙잭〉 등 수많은 걸작을 남긴 만화의 신, 데즈카 오사무를 처음 만난 것은 1984년이었습니다.

당시 저는 오사카에 부임해 영업과장으로 일하면서 부동산 정보지의 출범을 담당하고 있었는데, 홍보과장 겸 조사과장으로서 도쿄 본사에 잠시 돌아와 있던 상황이었습니다. 이듬해인 1985년이 리크루트의 창업 25주년이라서 몇 개의 큰 프로젝트가 계획되어 있었는데, 저는 그중 하나를 맡고 싶었습니다.

'기존 리크루트의 기업 이미지를 쇄신하고 싶다.'

저는 이런 바람으로 어린이부터 어른까지 즐길 수 있는 영화를 만드는 것이 효과적이라고 생각했습니다. 그러려면 남녀노소 상관없이 유명한 작가를 섭외해야 했습니다. 그렇게 해서 만나게 된 사람이 데즈카 오사무였습니다. 첫 미팅에서 영화 제작에 대한 저의 프레젠테이션을 조용히 듣고 있던 데즈카 오사무는 이렇게 말했습니다.

"인생에서 꼭 하고 싶은 일이 하나 있어요. 그 작품의 애니메이션 영화를 완성하면 저는 이제 죽어도 좋아요."

온화하지만 단호한 말투였습니다.

그가 말한 작품은 괴테의 《파우스트》였습니다. 데즈카 오사무는 중학생 시절에 《파우스트》를 읽고 감명을 받아 만화로 그리기 시작했습니다. 만년인 1987년에는 〈네오 파우스트〉라는 새 작품을 연재하기 시작했고, 노환으로 숨지는 마지막 날까지 그 작품을 구상하고 있었습니다.

그만큼 《파우스트》는 중요한 작품이며, 애니메이션으로 만드는 것이 데즈카 오사무의 평생소원이었습니다.

"그 애니메이션을 제작하는 것을 리크루트에서 도와주십시오."

저는 그 자리에서 즉시 수락했습니다. 데즈카 오사무가 리크루트의 후원에 힘입어 혼신의 작품을 만들어 낼 수 있다면, 그것은 회사의 브랜드 이미지에 헤아릴 수 없을 정도의 가치를 부여해 줄 것이라고 생각했습니다.

'죽어도 좋다'는 말의 무게

회사에 기획을 제안하자 곧바로 진행하라는 결재가 떨어졌습니다.

1984년 11월부터 시나리오 제작을 시작했습니다. 데즈카 오사무는 몇 번이고 회사를 방문해서 시나리오를 완성해 갔습니다. 정신이 없었지만 만화의 신과 일하는 기쁨에 저도 모르게 들떠 있었습니다. 그러나 상황은 조용히 새로운 국면으로 접어들었습니다.

첫 번째 원고가 완성되고 두 번째 원고의 집필이 진행되고 있을 때의 일입니다. 데즈카 선생님이 입원하셨다는 예상치 못한 소식이 전해졌습니다. 게다가 타이밍이 안 좋게도 그 무렵부터 리크루트가 실적 부진에 빠졌습니다. 결국 이 두 가지 사건이 겹치면서 데즈카 오사무와 진행하던 프로젝트는 중단될 수밖에 없었습니다. 1985년 초의 일입니다.

데즈카 오사무가 퇴원한 후 저는 정식으로 프로젝트의 취소 사실을 알리러 그를 방문했습니다. 프로젝트를 끝까지 수행할 힘이 저에게 없다는 사실에 이루 말할 수 없는 한심함을 느꼈습니다. 무엇보다 소년 시절부터 《파우스트》의 애니메이션을 기획한 데즈카 오사무의 꿈을 무너뜨린 것에 도저히 스스로를 용서할 수 없었습니다. 그에게 사과하는 자리에서 저는 계속 고개를 숙인 채 땅바닥만 바라보고 있었습니다. 그의 눈을 차마 똑바로 볼 수가 없었기 때문입니다.

데즈카 오사무는 조용히 이렇게 말했습니다.

"후지하라 씨, 잘 알겠습니다. 어쩔 수 없는 일이잖아요. 그래도 저와 당신 회사와의 인연은 후지하라 씨가 이어줬어요. 부디 그 인연을 끊지는 말아주세요. 저는 어떻게든 또 다른 파트너를 찾아서 《파우스트》의 애니메이션을 만들 테니까 걱정 마세요. 꼭 만들겠습니다. 제가 죽었을 때 그 필름 하나만 가지고 관에 들어가면 됩니다. 후지하라 씨, 작품이 완성되면 꼭 제일 먼저 보러 오세요."

저는 굳어버린 몸을 아래로 향한 채 하염없이 흐르는 눈물을 주체할 수 없었습니다. 나중에 메니에르병을 앓기 시작하고 나서, 그때의 데즈카 오사무의 말을 몇 번이고 되새겼습니다.

"그 작품의 애니메이션 영화를 완성하면 저는 이제 죽어도 좋아요."

이 말은 저에게 질문 하나를 던졌습니다.

'과연 지금 내가 하고 있는 일은 내가 꼭 하고 싶은 일일까? 꼭 해내겠다는 강한 열망이 있을까? 그것만 해낸다면 죽어도 좋다고 생각할 만한 목표가 있을까?'

유감스럽게도 지금의 나에게는 없다.

그렇게 생각할 수밖에 없었습니다. 하지만 앞으로의 인생에서는 그런 일을 반드시 찾겠다는 강한 생각도 들었습니다. 죽을 때 후회하지 않기 위해서라도 '죽어도 해내고 싶은 일'을 찾아 나서겠다고 다짐했습니다. 그때부터 제 인생을 되찾는 모험이 시작된 것 같습니다.

여러분도 눈을 감고 생각해 보세요. 지금 그것을 해낸다면 '이제 죽어도 좋다'고 생각할 정도의 목표가 있나요? 깊이 생각해 보기 위해 제4장에서는 '어떻게 죽을 것인가?'에 대해 함께 고민해 보겠습니다.

'죽음'이라는 주제를 이야기하는 것은 절대적인 어려움이 있습니다. 왜냐하면 이 세상에 사는 사람은 한 사람도 예외 없이 죽음을 맞이하지만, 이미 죽은 사람에게 죽음이 어떤 현상인지 결코 물어볼 수는 없기 때문입니다.

살아 있는 인간에게 죽음은 정말로 알 수 없는 수수께끼입니다. 세상의 다양한 종교는 죽음이 내포하는 본질적이고 어려운 수수께끼를 어떻게든 풀어보고 싶은 절실한 마음에서 비롯된 것일지도 모릅니다.

게다가 '어떻게 죽느냐'는 '어떻게 사느냐'와 마찬가지로 정답이 없습니다. 그러니까 죽음이라는 정체를 알 수 없는 것을 앞에 두고 사람들은 각자 자신만의 답을 만들어갈 수밖에 없습니다. 정답은 얻지 못하겠지만 각자의 개별적인 답은 얻을 수 있습니다. 그것이 죽음을 마주하는 최선의 방법이 아닐까 싶습니다.

피터의 법칙

죽음은 '생물학적으로 기능을 멈춘다'는 의미와 '사회적으로 활동을 마친다'는 의미의 두 가지 측면이 있습니다. 회사에서 오랫동안 일해 온 당신이라면 죽음을 생각할 때 가장 먼저 후자의 죽음을 떠올릴 것입니다. 그래서 일단 사회적인 죽음부터 살펴보겠습니다.

'피터의 법칙Peter Principle'을 알고 있나요? 이것은 한마디로 모든 조직은 시간이 갈수록 무능해진다는 법칙입니다. 왜냐하면 시간이 지남에 따라 조직 계층의 모든 자리는 책임을 다하지 못하는 직원들에 의해 차지되는 경향이 있기 때문입니다.

대부분의 회사 조직은 계층구조로 되어 있습니다. 그 구조를 그림으로 그리면 피라미드처럼 보이기 때문에 조직의 피라미드라고도 할 수 있습니다. 회사 조직에 이제 막 대학을 졸업한 사람이 들어가면 대부분은 평사원부터 경력이 시작됩니다. 여러분들 또한 그랬을 것입니다. 한 부서에서 몇 년간 일을 계속한 후에 다른 부서로 이동하라는 명령을 받을 수도 있습니다. 그렇게 몇 번의 이동을 경험하고서 어느 정도 회사 전체의 일을 익히고 나면 실적이 인정되고 주임으로 승진합니다.

주임이 되고 나서도 부서 이동은 있고, 더 승진을 해서 높은 자리로 올라가거나 이직을 경험하는 사람도 있습니다. 과장에서 승진이 멈추는 사람도 있고 이후로 차장, 부장, 국장으로 승승장구하는 사람도 있습니다. 그러나 회사 조직의 계급은 무한하지 않기 때문에 반드시 어느 시점에서 멈추게 됩니다. 피터의 법칙에서는 이 경력 상승이 멈추는 시점이 그 사람이 무능하다고 간주되는 시점이라고 지적합니다.

더 자세한 예를 들어보겠습니다.

우수한 영업 사원이 주임으로 승진하고, 우수한 주임이 과장으로 승진한다고 가정해 보겠습니다. 그런데 관리직으로 승진하자마자 일을 망치는 사람들이 있습니다. 그동안 인품을 무기로 삼아 상품을 팔던 사람이나 판매 현장에서 힘을 발휘하던 사람이 승진하면서 업무 환경이 바뀌자 성과를 내지 못하게 된 것입니다.

또는 관리직에게 요구되는 경영 기술이나 리더십을 갖추지 못하는 경우도 있습니다. 괜히 관리직으로 승진했다가 무능을 드러내고 만 것입니다.

그 위로 승진하는 사람들도 마찬가지입니다. 과장, 차장, 부장, 국장, 이사, 상무, 전무, 부사장으로 승진함에 따라 요구되는 능력은 점차 높아집니다. 언젠가 어느 시점에서는 요구받는 능력을 도저히 발휘할 수 없게 되는 경우도 있습니다. 그 때문에 각 계층의 자리는 자신의 한계에 부딪힌 사람들로 가득 차는 결과가 나타납니다. 대부분의 계층이 무능한 관리직으로 채워지는 셈입니다.

이것이 조직은 무능해진다는 피터의 법칙입니다. 계층 조직이 승진을 원동력으로 삼고 직원에게 동기부여를 실시하는 이상, 모든 회사와 관료 조직에 피터의 법칙이 적용됩니다. 그렇게 해서 개인이 본래 가진 능력은 충분히 발휘되지 못한 채 점점 매몰되고, 조직 역시 침체되어 가는 것입니다.

어떻게 죽느냐는 곧 어떻게 사느냐와 같다

피터의 법칙이 보여주는 회사의 광경은 생물이 특정 시점에서 성장을 멈추고 노화하기 시작해 죽음을 향해 가는 모습과 비슷합니다. 그 조직에 소속된 직장인들도 완만하게 사회적 죽음의 방향으로 나아가고 있다고 해도 과언이 아닐 것입니다.

그렇다면 이 죽음을 막을 방법은 없을까요?

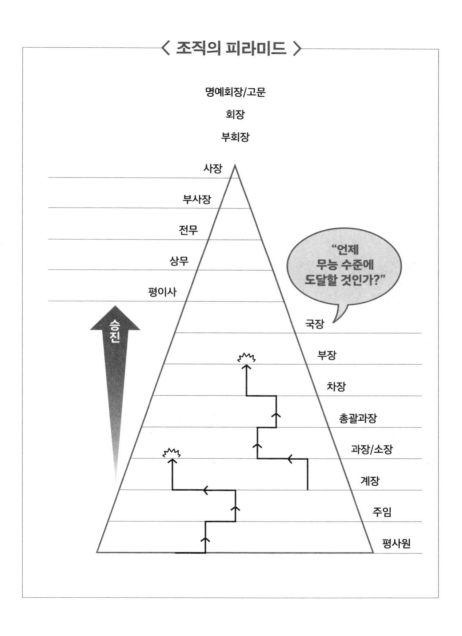

사실 피터의 법칙을 발표한 미국의 교육학자 '로렌스 피터Laurence J. Peter'는 그 대처법에 관해서도 설명했습니다. 조직 안에서 무능에 빠지지 않으려면 '창조적 무능'을 연출해야 한다는 조언입니다. 다시 말해 본인의 능력에 대해 의심하고, 본인이 무능 수준에 도달하기 전에 승진을 회피해서 유능 수준에 머무르게 하는 방법입니다. 자신이 가장 큰 힘을 발휘할 수 있는 위치에 머무르고, 더이상 승진하지 않도록 행동하는 것이 좋다는 뜻입니다.

로렌스 피터는 구체적인 방안도 제시해 주었습니다. '결혼하는 직장 동료에게 선물을 주지 않는다', '직장에서 커피 타임을 갖지 않는다', '점심시간에 홀로 도시락을 먹는다'와 같은 방안입니다. 이는 동료와의 교제를 회피해서 승진의 싹을 미리 제거하는 동시에 적당한 의혹과 불신을 조성하는 효과가 있습니다.

요컨대 직장 내에서 괴짜가 되라는 조언입니다. 직장인에게 승진은 무엇보다 좋은 보상이기 때문에 그것을 스스로 기피한다는 것은 터무니없다고 생각할지도 모릅니다. 하지만 여기서 중요한 것은 '사회적 죽음'을 앞두고 자신의 의사에 따라 '자신이 어떻게 죽느냐'를 결정한다는 태도입니다. 이 태도는 제3장에서 소개한 벡터 맞추기로도 이어집니다. 자신의 조직에서 죽는 법을 스스로 결정한다는 것은 조직과 개인의 새로운 관계를 만드는 것이기도 하니까요. 즉 '어떻게 죽느냐'는 곧 '어떻게 사느냐'의 질문과도 같습니다.

원형 승진 체계

지금까지는 개인의 입장에서 창조적 무능을 연출함으로써 조직 안에서의 '죽음=삶의 방식'을 스스로 결정하는 방법이었습니다. 스스로 승진을 멈춤으로써 자신의 무능화를 막는 방법인데, 이 창조적 무능의 연출 외에도 무능화를 방지하는 방법이 존재합니다.

그것은 개인적으로 '원형 승진 체계'라고 부르는 방식입니다. 이 방식은 현장에서 경력을 시작해 관리직을 거쳐 다양한 경험을 한 뒤, 빙글빙글 돌아 다시 현장으로 돌아가는 승진 체계입니다. 예를 들어, 회사 안에서 20년에 걸쳐 사장이 된 사람이 사장으로서 4~8년 재직합니다. 그 뒤에 20년에 걸쳐 스스로 강등해서 내려오며, 마지막에는 다시 현장으로 돌아갑니다. 그런 경력 과정이 가장 이상적인 원형 승진 체계가 됩니다.

사람의 성장도 이와 비슷합니다. 아기는 부모의 보살핌을 받으며 성장해서 소년이 되고, 청년기, 장년기, 중년기를 거쳐 노인이 됩니다. 노인은 하는 일 없이 어린아이처럼 삶을 즐기다가 마지막에는 누워만 있는 아기 같은 모습으로 일생을 마칩니다. 마치 원처럼 빙글빙글 돌아가는 놀이기구처럼 말입니다.

조직 안에서도 권력의 자리에 언제까지나 매달리지 말고 경력을 쌓은 후에는 후련한 마음으로 후임에게 자리를 양보하고 이사, 부장, 과장, 현장 담당으로 차례차례 내려가면 됩니다. 저는 그 모습이 훨씬 멋있어 보입니다.

학교라는 조직으로 말하면 교장 선생님이 교직 생활의 마지막 몇 년 동안 다시 현장의 평교사로 돌아와 교단에 서는 것이 그에 해당합니다. 지금의 학교 제도에서는 교장이라는 직책이 마지막 승진 자리입니다. 교장 이상의 자리는 교육감밖에 없기 때문에 교장은 더 이상 올라갈 곳이 없습니다. 교장의 위치에 있는 많은 사람들은 자리를 보전하려고만 하고 새로운 도전은 멈추고 맙니다.

하지만 원형 승진 체계를 도입하면 어떻게 될까요? 예를 들어, 중학교 교장 선생님은 마지막 3년 동안 차례대로 1학년, 2학년, 3학년 담임을 맡습니다. 3학년 졸업식이 교사로서의 마지막 졸업식이 되는 구조를 만드는 것입니다. 교사 인생으로서 그보다 더 멋진 마무리가 있을까요? 그것이 학교 조직을 더 활성화하는 방법이 아닐까 하는 생각이 듭니다.

죽음의 방식

저는 리크루트에서 부장직을 맡고 있던 30세에 메니에르병이라는 성가신 질병에 걸렸습니다. 더 이상 체력이 필요한 승진 경쟁에서 살아남기 어렵겠다는 생각을 했습니다. 그래서 일찌감치 승진을 포기했습니다. 질병을 앓는 상태에서 너무 무리했다가는 진짜로 죽을 것 같다는 느낌이 들었기 때문입니다.

그때부터 저는 권력의 핵심으로부터 멀어졌고 30세부터 10년간은 월급도 거의 오르지 않았습니다. 그래서 그 시기에 해외로 나갈 결심을 했고 일본으로 돌아와서는 리크루트를 퇴사하기도 했습니다. 그렇다고 완전히 리크루트와 떨어져 지낸 것이 아니라, 개인적으로 회사 조직과 계약을 맺고 협력하는 펠로로서 일했습니다. 펠로는 개인이 조직에 기대어 일하는 것이 아니라, 개인과 조직이 대등한 관계를 맺고 신규 사업 등에 대해 벡터 맞추기를 해 나가는 방식입니다.

조직 내에서 출세 코스의 계단을 오르는 것은 승진할수록 권력이나 금전적 보상을 받는다는 의미입니다. 한편 펠로의 방식에는 승진이라는 개념이 없습니다. 그 대신에 스스로 무엇을 할지 결정할 수 있는 자유로운 시간이 주어지고, 일의 성과에 따른 보상을 얻을 수 있습니다. 일을 못하고 성과를 내지 못하면 당연히 보상을 받지 못하지만, 일을 잘하면 회사원보다 더 많은 보상을 받을 가능성도 있습니다.

보통의 직장인들이라면 누구나 원하는 탄탄한 권력과 보상을 버리고, 자유로운 시간과 성과 지표에 근거한 보상을 취하는 것이 펠로입니다. 저의 경우에는 펠로가 되기로 마음먹음으로써 조직에서의 죽음을 스스로 결정했습니다.

지금까지 '조직에서의 죽음'을 살펴봤습니다. 이제부터는 '인생에서의 죽음'을 살펴보겠습니다.

산맥형으로 흐르는
에너지 곡선

인생의 맛을 더하는 콤플렉스

우선 '인생의 에너지 곡선'을 그려보겠습니다.

종이 한 장을 가로로 길게 놓고 먼저 가로축을 그어주세요. 양쪽 끝에 세로축을 그어 사각형 그릇 모양으로 그려주세요. 그리고 왼쪽 아래 모서리에 '출생'이라고 쓰고 오른쪽 아래 모서리에 '죽음'이라고 씁니다.

가로축은 인생의 여정입니다. 그리고 세로축은 각 인생의 시기에 나타나는 에너지 수준입니다. 이 에너지는 당신의 지력, 체력, 정신력의 종합적인 힘이라고 생각할 수도 있고, 동기부여와 의욕의 수준이라고 생각할 수도 있습니다.

0세의 시작점부터 ○○세의 종착점까지, 여러분이 얼마나 에너지를 발휘했는지를 들쑥날쑥한 곡선으로 그려주세요. 마치 산과 골짜기가 반복되는 듯한 곡선이 그려질 것입니다. 미래에 대해서는 앞으로 어떤 에너지 곡선을 그리면 좋겠는지 상상하며 그리면 됩니다.

그려보면 알겠지만 실패, 좌절, 병 같은 언뜻 보기에 마이너스로 여겨지는 기억이 인생의 고비에서 중요한 전환점이 되고 있다는 사실을 깨달을 것입니다. 인생을 '한 권의 책'이나 '한 편의 영화'로 가정할 경우, 풍미 깊은 이야기로 만들기 위해서는 골짜기의 깊이가 중요합니다.

유명인의 자서전이나 자기계발 도서를 읽을 때를 떠올려 보세요. 성공 체험과 자랑만 읽는 것만큼 괴로운 일도 없습니다. 실패 체험도 섞여 있으면 읽기가 훨씬 수월합니다. 인생은 산과 골짜기의 연속입니다. 골짜기의 깊이가 인생이라는 드라마에 인간미를 더해주는 것입니다.

인생에서는 콤플렉스도 인생의 맛을 더해주는 요소입니다. 메니에르병으로 쓰러진 30대에 저는 크게 세 가지 콤플렉스를 가지고 있었습니다. '영어를 못한다는 콤플렉스', '편집자나 언론인처럼 자신만의 철학을 가지고 일하지 못한다는 콤플렉스', '큰 주제를 품고 일하고 싶지만 어떤 주제를 추구해야 할지 모르겠다는 콤플렉스'였습니다. 일본을 떠나 유럽에서 몇 년간 살겠다는 결심도 이러한 콤플렉스가 만들어낸 반발심이었습니다.

콤플렉스를 극복하기 위해서는 스스로를 객관적으로 바라볼 필요가 있습니다. 그동안의 경력을 버리고 유럽이라는 성숙사회에서 생활한 경험은 그 이후의 제 인생을 결정적으로 바꾸었습니다. 콤플렉스라는 골짜기를 철저히 관찰했기 때문에 이후 인생의 산이 예상하지 못한 형태로 바뀌었습니다. 골짜기는 깊으면 깊을수록 그 뒤를 잇는 산맥은 높아집니다. 자신의 골짜기 깊이에 콤플렉스가 아니라 오히려 자부심을 가져야 하는 이유입니다.

자, 당신의 에너지 곡선은 어떤가요? 앞으로 어떤 에너지 곡선을 그릴건가요?

하나의 산에서 여러 개의 산으로

에너지 곡선은 하나의 산만 그려서는 충분하지 않습니다. 근대에서 현대로 발전해 오면서 우리의 수명 또한 크게 늘어났기 때문입니다.

이 그림은 근대, 현대, 미래 세 세대의 '라이프 사이클 life cycle'을 나타낸 것입니다.

가장 먼저 '근대'를 살펴보겠습니다. 당시의 평균수명은 약 43세였습니다. 평균수명이 짧은 이유는 영유아 사망률이 높았던 것도 한 요인이었지만, 50세가 넘으면 사회 일선에서 물러나는 것이 통상적이었습니다. 철없는 어린 시절을 보내다가 어른이 되어 군복무를 하거나 가업을 이어가며 열심히 일하고, 은퇴한 후 취미를 즐기며 여생을 보내다가 죽음을 맞이하는 것이 일반적인 라이프 사이클이었습니다. 저는 이것을 시바 료타로司馬遼太郎의 유명한 역사소설 《언덕 위의 구름》에 빗대어 '언덕 위의 구름 형태'라고 부르겠습니다. 참고로 《언덕 위의 구름》의 주인공 중 한 명도 49세의 나이로 사망했습니다.

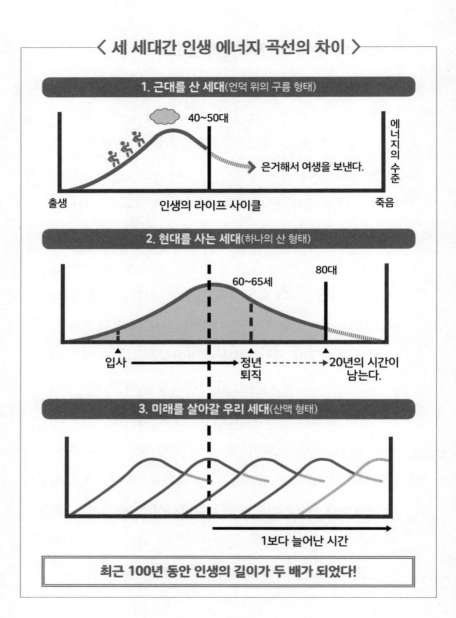

〈 세 세대간 인생 에너지 곡선의 차이 〉

1. 근대를 산 세대(언덕 위의 구름 형태)

40~50대

은거해서 여생을 보낸다.

에너지의 수준

출생

인생의 라이프 사이클

죽음

2. 현대를 사는 세대(하나의 산 형태)

80대

60~65세

입사 → 정년 퇴직 --------→ 20년의 시간이 남는다.

3. 미래를 살아갈 우리 세대(산맥 형태)

1보다 늘어난 시간

최근 100년 동안 인생의 길이가 두 배가 되었다!

204

다음으로 '현대'를 살펴보겠습니다. 고도 경제성장을 거치면서 평균 수명은 80세 전후로 늘어났고, 60세의 정년퇴직 후에 약 20년의 여생이 생겨났습니다. 그러나 기본적으로 인생 에너지 곡선의 꼭대기는 40대에서 50대에 걸치는 것이 일반적입니다. 수입도 그 무렵이 가장 높고 일과 가정에 가장 충실한 시기이기도 합니다. 이 세대를 '하나의 산 형태'라고 부르겠습니다. 에너지 곡선의 꼭대기가 하나라도 괜찮았던 시절이었습니다.

그런데 미래를 살아가야 하는 우리는 그렇지 못합니다. 우리 세대의 노후는 이전 세대의 노후와는 완전히 다르기 때문입니다. 암 같은 난치병에도 좋은 치료법이 속속 개발되었고, 사람들의 건강 의식도 높아진 덕분에 기대 수명은 80세에서 100세까지 늘어나고 있습니다.

이전 세대에 비해 여생이 너무 깁니다. 더 이상 여생이라고 부를 만한 기간이 아닙니다. 정년 후의 인생을 현역 시절과 다름없이 인생의 활동기로서 살아갈 필요성이 생겨난 것입니다.

첫 번째 '언덕 위의 구름 형태'의 세대와 두 번째 '하나의 산 형태'의 세대까지는 인생의 에너지 곡선이 '산 하나의 형태'로 끝났습니다. 이런 인생관은 단순해서 좋은 면도 있습니다. 그런데 미래를 살아야 하는 우리 세대는 에너지 곡선의 산이 여러 개 연속으로 이어지는 이른바 '산맥 형태'여야만 충실한 일생을 보낼 수 있게 되었습니다. 수명이 늘어난 것은 기쁜 일이지만 인생이 90년에서 100년을 넘는 것이 당연한 시대에는 새로운 삶의 방식을 요구받을 수밖에 없습니다.

처음에 각자 그린 에너지 곡선을 다시 살펴봐 주세요. 산을 하나만 그린 사람은 여러 개의 산이 연속되는 산맥 형태의 에너지 곡선으로 바꿔주세요. 지난 100년 동안 인생의 길이가 두 배가 되었습니다. 산 하나만으로는 그 긴 인생을 충실히 살기에 턱없이 부족합니다.

앞으로의 시대를 사는 사람들은 여러 산과 골짜기가 번갈아 나타나는 산맥 형태의 에너지 곡선으로 인생을 사는 게 당연해질 것입니다. 당신이 지금 60세라고 해도 앞으로의 인생이 30~40년이나 남아 있으니까요. '인생의 절정'은 여러분 스스로 만들기 나름입니다.

당신이 깨어 있는 약 60만 시간

인생이란 한마디로 무엇일까요?

추상적인 질문처럼 느껴지겠지만 다음과 같이 구체적으로 생각해 봅시다. 사람이 하루 평균 7시간 자면서 90~100년을 산다고 가정해 봅시다. 이 경우에 깨어 있는 시간을 모두 합산하면 56~62만 시간이 됩니다.

즉 인생이란 당신이 깨어 있는 약 60만 시간을 어떻게 보내느냐에 달려 있습니다. 그 사이에서는 분명히 다양한 산과 골짜기가 생겨날 것입니다. 인생의 에너지 곡선은 그것을 가시화해서 보여줍니다.

또한 우리가 죽음을 의식할 수 있도록 만들어 줍니다. 죽음을 인지하는 것은 누구에게나 용기가 필요한 일입니다. 자신의 에너지 곡선을 그려봤을 때 결말의 죽음을 보고 기분이 어두워질 수도 있습니다. 당연합니다. 하지만 '인생은 유한하다'는 사실을 분명히 자각함으로써 오히려 마음이 강해질 수도 있습니다.

죽음을 의식하면 지금 이 순간을 아끼는 마음이 생겨 납니다. '일기일회一期一會'라는 말이 있습니다. 지금 이 순간은 평생 단 한번의 시간이며, 지금 이 만남은 평생 단 한번의 인연이라는 뜻입니다.

오늘 이 자리에서 만나는 사람과는 또다시 재회할 수 없을지도 모릅니다. 그렇게 생각하면 지금 이 순간의 관계가 더욱 소중하게 여겨집니다. '지금 여기 있는 눈앞의 사람과 창조적인 일을 해내자', '이 만남에 내 영혼의 흔적을 남기자'라는 동기부여로 이어집니다.

즉 인생의 끝자락에 반드시 찾아오는 죽음을 의식하는 것은 삶을 다채롭게 디자인하려는 의욕으로 발전합니다.

커뮤니티의
중요성

인생의 여러 갈래 길을 만들어라

'산맥 형태의 에너지 곡선'에서 인생에 큰 산을 여러 개 그리기 위해 필요한 토대는 대체 무엇일까요? 바로 '들판의 넓이'입니다. 5년에서 10년에 걸쳐 차분히 펼쳐진 들판에서 웅장한 산이 나타나는 법입니다.

그리고 인생의 여러 갈래에서 본선과는 별도로 몇 개의 다른 지선을 만드는 것도 비결입니다. 그 지선이 머지않아 산으로 성장할 가능성을 내포하기 때문입니다.

그럼 산의 토대가 되는 들판은 어떻게 만들고 넓혀가야 할까요? 가장 빠른 길이 본업과는 다른 커뮤니티에 참여해서 그곳에서 얻은 지식과 인간관계를 키워나가는 것입니다. 자신의 흥미와 관심 영역에 가까우며 자신을 편견 없이 받아주는 커뮤니티를 찾는 것이 요령입니다. 커뮤니티 동료들과 창조적인 결과물을 만들어 나가면 산맥 형태의 에너지 곡선이 생겨나는 저변이 점차 구축되어 갑니다.

사람은 혼자서는 몸과 마음이 건강해질 수 없습니다. 직장을 떠난 후에도 가족과 살거나 지역 커뮤니티에서 사회적 역할을 맡음으로써 자신이 살아가는 의미와 자기 효능감을 유지할 수 있습니다. 인간이란 본래 사회적인 동물이기 때문입니다. 사회적인 동물이 마음껏 활동할 수 있는 장소가 커뮤니티이며, 그것이 노후의 생명줄이라고 해도 과언이 아닙니다.

과거에는 혈연이나 지연에 의한 지역사회가 커뮤니티의 중심이었습니다. 그런데 현대사회에서는 핵가족화와 저출산으로 인해 오래전부터 커뮤니티가 소멸 위기에 처해 있습니다. 도시 지역을 중심으로 늘어나는 1인 가구, 함께 살지 않는 부모와 자녀, 뿔뿔이 흩어져 생활하는 조부모 등 다양한 형태의 가족이 보편화되었습니다. 이러한 성숙사회에서는 개개인을 중심으로 사회 현상이 벌어지기 마련입니다.

하지만 그 와중에도 개개인의 마음속에 생겨난 고독이나 불안에서 벗어나고 싶은 사람들은 온라인으로나마 다른 사람과 이어지려고 안간힘을 쓰고 있습니다. 하지만 아무리 온라인상의 친구가 많아도 다른 사람과의 유대감은 충분히 생겨나지 않습니다.

디지털 도구로 연결된 관계로는 외로움의 뿌리를 치유할 수 없습니다. 실제로 얼굴을 맞대고 표정을 읽으면서 대화해야만 마음이 진정으로 통하고 서로 안심할 수 있는 법입니다.

그렇기 때문에 같은 흥미와 관심을 지닌 사람들과 교류할 수 있는 커뮤니티에 속하는 것이 60세 이후의 인생에서는 필수입니다.

나를 발전시키는 커뮤니티에 가입해라

전후 일본은 고도 경제성장의 물결을 타면서 급속히 부흥했습니다. 그 시기에 많은 사람들은 과거의 지연과 혈연 대신에 회사 커뮤니티에서 깊은 관계성을 유지하고 발전시켰습니다. 종신고용을 전제로 직원을 고용하는 기업은 직원의 입장에서 자신을 무조건적으로 받아주는 커뮤니티나 다름없었습니다. 일본인이 서양인들로부터 일중독자라는 말을 들을 정도로 근면했던 이유는 회사를 자신의 커뮤니티로 여기고 소중히 아끼려는 심성 때문이었습니다. 성장을 계속하는 회사가 많았기 때문에 지역사회가 후퇴하고 가족이 뿔뿔이 흩어지더라도 사회 질서가 일정하게 유지되었다고 할 수 있습니다.

그러나 성장사회에서 성숙사회로 넘어오면서 회사의 커뮤니티 성격 또한 크게 변했습니다. 종신고용은 이미 과거의 이야기가 되었고, 기업과 직원은 서양 방식의 계약 관계로 이행하고 있습니다. 오랫동안 일하던 회사의 분위기가 최근 20년 동안에 급격히 달라졌음을 여러분도 경험을 통해 알고 있을 것입니다. 그렇기 때문에 회사를 떠난 후의 거처가 될 커뮤니티를 확보하는 것이 앞으로 지속될 인생에서는 목숨을 건 문제가 되는 것입니다.

직장인 시절의 직함이나 직책보다는 자신의 고유한 캐릭터로 승부할 수 있는 커뮤니티를 선택하는 것이 좋습니다. 직장인에게 필요했던 향상심을 무리하게 발휘하지 않아도 되는 커뮤니티, 학교처럼 압력이 너무 심하지 않은 커뮤니티가 좋을 것입니다.

그런데 사람들이 모여서 잡담만 나누는 사교 커뮤니티는 처음에는 즐거울지 모르지만 금방 싫증이 납니다. 이왕이면 특정 목표를 공유하고 그 목표를 위해 함께 노력할 수 있는 커뮤니티를 고르는 것이 좋습니다. 목표를 향해 나아가는 과정에서 서로를 칭찬하고 격려하는 행위는 커뮤니티의 인간관계를 더욱 깊게 만들어 줄 것입니다.

가족은 다양한 형태로 흩어지고, 더 이상 회사의 보호도 당연하지 않습니다. 개인은 커뮤니티의 중간 집단에 속함으로써 후반부 인생에서 자신감과 용기를 가질 수 있습니다.

1만 시간의 법칙은 배신하지 않는다

탄탄한 토대도 만들고 커뮤니티도 찾았다면 이제 그 커뮤니티를 키워야 합니다. 그 비결은 한마디로 시간을 들이는 것입니다.

제1장에서 '1만 시간의 법칙'을 설명한 바 있습니다. 운동이든 악기 연주든 회사 업무든 장르를 불문하고 누구나 1만 시간을 들이면 능숙해진다는 법칙입니다. 커뮤니티를 키울 때도 관심 영역에 돈과 에너지와 함께 시간을 아낌없이 투자해야 합니다. 1만 시간의 법칙은 결코 당신을 배신하지 않습니다.

약 1만 시간, 대략 5~10년이면 누구나 들판에 어엿한 산을 세울 수 있습니다. '산맥 형태'의 에너지 곡선에서 '산의 높이'는 개인이 커뮤니티에서 기른 소통의 총량이며, '산의 풍요로움'은 소통의 질이라고 할 수 있습니다. 거듭 말씀드립니다. 인생 후반부 삶의 균형과 풍요로움은 어떤 커뮤니티를 선택하고 활동하느냐에 달려 있습니다.

커뮤니티를 키우는 데는 상당한 돈과 에너지가 필요합

니다. 하지만 40~50대에 미래의 커뮤니티를 만들기 위한 투자를 미리 해두면 그것은 분명히 큰 수익을 가져다 줄 것입니다. 그 수익은 꼭 눈에 보이는 재산에 한정되지 않습니다. 눈에 보이지 않는 재산도 중요합니다.

저는 요즘 '인간의 품격'에 대해 생각할 때가 많은데, 사회적으로 성공한 사람으로 여겨지거나 돈을 많이 가지고 있어도 품격이 없다고 느껴지는 사람이 드문드문 보입니다. 슬프게도 인간의 품격이란 이해관계를 바탕으로 하는 회사 조직에서는 좀처럼 키울 수 없습니다.

그런 점에서 커뮤니티는 다릅니다. 취미나 관심을 바탕으로 하는 커뮤니티에는 상하 관계가 존재하지 않습니다. 그렇기 때문에 아무도 권력을 행사할 수 없습니다. 이해관계도 얽혀 있지 않기 때문에 인간 자체의 품성이 평가받게 되는 것입니다. 이처럼 커뮤니티에서는 인간의 품격도 닦을 수 있습니다.

커뮤니티를 찾고 그곳에서 느긋하게 자신을 성장시킨다면 인생 말년을 멋지게 살아갈 수 있을 것입니다.

본선·지선과 산맥형 에너지 곡선의 관계

여러 커뮤니티에서 활동한 저만의 산맥 형태의 에너지 곡선을 다시 한 번 설명하겠습니다.

리크루트에서 18년 동안 일하다가 펠로로 독립했습니다. 그리고 47세에 와다중학교 교장이 되어 5년간의 임기를 마쳤고 그때부터 '교육 개혁 실천가'를 자처하고 있습니다. 또한 나라의 이치조고등학교에서 교장으로 일했습니다. 중학교 교장과 고등학교 교장을 경험하고 65세가 되었을 때 온라인 학교인 '조례만 하는 학교'를 세웠습니다. 지금은 그 학교의 교장을 맡고 있습니다.

먼저 제 경력으로 커다란 3포인트 마법진을 만들어서 100만 명 중 1명의 희귀한 존재가 되도록 노력했습니다. 또한 교육 개혁 실천가라는 이름의 깃발을 꽂고 마법진의 바닥면을 입체화함으로써 마법진을 피라미드로 높였습니다. 이게 저의 '본선'입니다.

그 외의 '산'도 있습니다. 45세에 저희 집을 짓기 위해 설계를 배우면서 네오 자파네스크라는 디자인에 눈을 떴습니다. 그때부터 디자인 업무에 대한 관심이 높아졌고 시계 디자이너들과 열심히 교류한 결과, 직접 프로듀싱한 손목시계 브랜드 japan과 arita를 개발하기에 이르렀습니다. 이제 디자인 업무는 손목시계에 그치지 않고 하드셸형 어른 책가방 EMU, 400만 엔대의 빙수기 himuro 등 다양한 제품 개발로 이어졌습니다.

또한 52세부터는 처음으로 테니스를 시작했습니다. 아내와 함께 시작해서 벌써 10년 넘게 치고 있는 중입니다. 테니스를 치면서 건강해진 것은 물론 새로운 인간관계의 폭도 넓힐 수 있었습니다.

2011년 동일본 대지진 후에는 아내와 함께 후원 활동을 시작했습니다. 부부가 같은 목표를 가지고 공통의 기반을 지니는 것의 의미는 제3장에서 부부끼리 무한한 벡터 맞추기로 설명한 바와 같습니다.

60세부터는 라오스에 학교를 짓는 사업을 시작했습니다. 라오스에서는 교육에 들일 국가 예산이 충분하지 않아서 판잣집과 같은 교실에서 수업을 진행하는 학교가 많습니다. 대략 250~750만 엔 정도의 돈만 있으면 훌륭한 건물로 교실을 재건축할 수 있습니다. 일본에서 자금을 모집해서 지금까지 13개 학교를 후원하는 데 성공했습니다. 준공식 현장을 찾아 아이들의 빛나는 미소를 보는 것은 더할 나위 없는 기쁨입니다.

저의 여러 가지 시도를 살펴보면 '본선'과 '지선'으로 분류할 수 있습니다. 본선과 지선을 그림으로 그리면 그것이 곧 '산맥 형태의 에너지 곡선'이 되는 것입니다.

인생은 우리에게 주어진 60만 시간을 어떻게 사용하느냐에 달려 있습니다.

여러분도 그런 발상을 가지고, 어떤 '본선'에 어떤 '지선'을 연결해서 산맥을 풍부하게 만들지 고민해 보세요.

저 역시 처음부터 위에서 말한 것과 같은 인생을 미리 계획한 것이 아닙니다. 다양한 실패와 성공을 거듭하다가 어느 순간 뒤돌아보니 '내가 이런 삶의 궤적을 그려왔구나!'라고 깨달을 수 있었던 것이지요. 산맥 형태의 에너지 곡선은 삶을 되돌아보다가 나온 발상입니다.

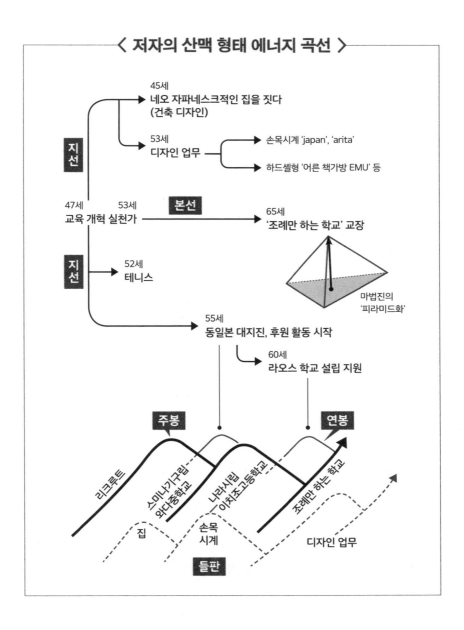

< 저자의 산맥 형태 에너지 곡선 >

45세
네오 자파네스크적인 집을 짓다
(건축 디자인)

53세
디자인 업무 → 손목시계 'japan', 'arita'
→ 하드셸형 '어른 책가방 EMU' 등

지선

47세   53세   본선
교육 개혁 실천가 →   65세
                        '조례만 하는 학교' 교장

지선   52세
         테니스

마법진의
'피라미드화'

55세
동일본 대지진, 후원 활동 시작

60세
라오스 학교 설립 지원

주봉   연봉

리크루트
스미나기구림
왓다중학교
나라시립
이치조고등학교
조례만 하는 학교

집   손목
         시계   디자인 업무

들판

지금까지의 내용을 이해했다면 다시 종이를 펼쳐서 왼쪽 아래에 '출생'이라고 쓰고, 오른쪽 아래에 '죽음'이라고 써주세요. 그리고 다시 한 번 여러분 인생의 에너지 곡선을 그려보세요.

'산맥 형태의 에너지 곡선'은 어디서부터 그리기 시작해도 상관없습니다. 또한 에너지 곡선에는 '완성'이라는 말이 없습니다. 지금까지 그려온 '3포인트 마법진', '보상 매트릭스', '벡터 맞추기'를 참고삼아 에너지 곡선을 몇 번이라도 수정해 나갈 수 있습니다.

그리고 새로운 커뮤니티에 들어가고 싶어지면 바로 행동으로 옮겨보세요. 당신이 그리는 산맥 형태의 에너지 곡선은 당신의 강한 의지와 행동력을 반영할 것입니다.

예술가라는 새로운 꿈

산맥 형태의 에너지 곡선의 구조를 충분히 이해하셨다면, 제2장에서 소개한 보상 매트릭스도 다시 한 번 그려

주시길 바랍니다. 여러분은 어디에서 어디로 향하는 '보상 매트릭스'를 그리고 싶나요?

저 같은 경우에는 '사장·직장인형', '자영업·전문가형', '공무원·NGO·NPO형', '연구자·예술가·마니아형' 등 지금껏 다양한 유형의 업무를 경험했습니다. 그리고 지금은 '예술가로 죽고 싶다'고 생각합니다. 비즈니스와 교육 개혁이라는 두 가지 상반된 영역을 추구해 온 삶이지만, 마지막에는 예술적으로 살고 예술적으로 죽고 싶다고 바라는 것입니다.

저의 외가는 먼 조상이 일본 회화의 가노파狩野派와 이어져 있다고 합니다. 그래서인지 최근 들어 제 핏속에도 예술을 추구하는 열정이 숨겨져 있음을 느낍니다. 예술적으로 산다는 것은 칼럼에서 소개한 '아르 드 비브르'의 개념을 토대로 합니다. 타인과 예술적으로 이야기를 풀어가는 삶의 방식을 추구하고 싶습니다.

화가 샤갈은 '그림을 그리는 것은 하얀 캔버스에 내 영혼의 색채를 새겨 넣는 행위'라고 말했습니다. 저도 인생을 마치기 직전의 한순간에 그런 말을 전하고 싶은 꿈이 생겼습니다.

'예술가로 죽고 싶다.'

이 바람은 앞에서도 언급한 데즈카 오사무의 말에서도
영향을 받았습니다.

"인생에서 꼭 하고 싶은 일이 하나 있어요. 그 작품의
애니메이션 영화를 완성하면 저는 이제 죽어도 좋아요."

저도 제 영혼이 원하는 일에 충실하면서 이 세상에 저
만의 독창적인 작품을 남기고 싶습니다.

PART 4. 죽음

'어떻게 죽느냐'는 '어떻게 사느냐'의 질문과도 같다

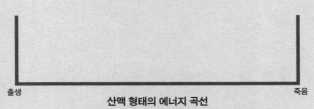

출생   죽음

산맥 형태의 에너지 곡선

* 여러분의 삶을 바탕으로 산맥 형태의 에너지 곡선을 그려보세요.

산을 이룰 때 죽음을 의식하는 것은 죽는 방법을 스스로 결정한다는 뜻이며, 이는 에너지 곡선의 질을 현격히 끌어올립니다. 그러므로 지금 이 순간을 소중히 여긴다면 인생은 더욱 다채로워질 것입니다. 종착점을 향해 멋진 산맥 형태의 에너지 곡선을 완성하길 바랍니다.

가치의 발견

공헌하라,
그리고 자립하라

미지의 땅에
인생의 깃발을 세워라

두 번째 성인식을 치른 마음가짐

'돈', '가족' 그리고 '죽음'은 60세 이후에는 피할 수 없는 주제입니다. 지금까지 그 주제들에 정면으로 맞서 이야기를 해왔습니다. 여기까지 읽은 여러분은 '3포인트 마법진', '보상 매트릭스', '벡터 맞추기', '산맥 형태의 에너지 곡선'과 같은 실천적 지혜의 수단을 이미 갖추었을 것입니다. 드디어 여러분 각자는 60세 이후라는 '미지의 땅'으로 나아갈 준비가 되었습니다.

60세 이후에는 미지의 땅에 깃발을 세우기 위한 마음가짐이 필요합니다. 이를 위해서는 '자립'과 '공헌'이 뒤따라야 합니다. 자립과 공헌은 일상 대화에서 자주 쓰는 일반적인 말이지만 저는 이 두 단어를 조합하면 큰 의미가 생긴다고 생각합니다.

아기였을 때의 여러분을 한번 상상해 보세요. 무엇을 하고 있나요? 울고 있나요? 아마도 그러겠지요. 아기는 말을 하지 못하니까 오줌이나 똥을 싸서 기저귀가 무거워지거나 배가 고파도 다른 사람에게 논리정연하게 말로 호소할 수 없습니다. 그냥 불쾌한 느낌이 들면 큰소리로 울거나 온몸으로 짜증을 냅니다. 반가운 사람이 나타나면 방긋 웃습니다. 그렇게 함으로써 아기는 자신의 의사를 다른 사람에게 전달합니다.

그리고 점차 소리 높여 울면 엄마나 아빠가 도와준다는 것을 본능적으로 배워갑니다. 영아기에 부모의 전적인 보살핌을 받는 아기는 '전능감'을 자연스럽게 품게 됩니다. 전능감은 '나는 무엇이든 할 수 있다', '세상은 나를 중심으로 돌고 있다'라는 느낌을 말합니다.

그러나 성장하면서 그 전능감은 서서히 줄어듭니다. 유아기부터 초등학생에 걸쳐 '세상은 내 뜻대로 되지 않는다'는 사실을 조금씩 이해하기 시작합니다. 맑아야만 하는 소풍날에 비가 오기도 하고, 좋아하는 친구의 마음을 끌려고 장난을 쳐도 전혀 효과가 없는 것처럼 말입니다.

세상은 나를 중심으로 돌아가는 것이 아니라는 사실을 깨닫기 시작합니다. 그리고 어느 날, 드디어 세상과 자신을 분리합니다. '나는 전능하다'는 환상이 깨지고, '스스로의 한계'가 있음을 자각합니다. 아기 때는 부모가 늘 곁에서 도움을 주었기 때문에 뜻대로 된 것이지, 혼자서는 아무것도 해낼 수 없다는 당연한 사실을 깨닫게 됩니다. 초등학교 저학년 정도의 시점에서 가장 많은 갈등을 겪으며, 처음에는 당황스러운 마음에 어떻게든 그 상황을 타파하려고 몸부림치기 시작합니다.

하지만 가끔 그런 갈등을 겪지 않은 채 성인이 된 것이 아닌가 싶은 사람을 만날 때가 있습니다. 어릴 때의 전능감에서 벗어나지 못한 채 주위에 민폐를 끼치면서 세상의 중심이 자신이라고 진심으로 생각하는 사람이 있습니다.
다시 말하자면 스스로 자립하지 못한 어른입니다.

자신의 기분을 최우선으로 여기는 풍조

인간의 성장 과정을 돌아보며 자립과 공헌의 실마리를
풀어보겠습니다. 지금부터는 사회의 변화에 입각해서 한
번 생각해 봅시다.

1979년 미국의 사회학자 '에즈라 보겔Ezra Feivel Vogel'
이 쓴 《Japan as No.1》이라는 책이 화제가 되었습니다.
일본의 경제력을 분석한 이 책은 미국과 일본에서 베스트
셀러가 되었고 '일본이 앞으로의 세계 경제를 이끌어 간
다'는 이미지를 전 세계에 심어주었습니다. 그로부터 반
세기 정도가 흐른 지금은 어떤가요? 그동안의 사회 변화
는 사람들의 가치관까지 변화시켰습니다.

1980년대 후반과 1990년대 초반, 거품경제(투기 행위 따
위로 일시적으로 호경기와 이상 시세를 보이는 경제) 시대의 일본은 비정

상적으로 경기가 좋았던 시절이었습니다. 땅값과 주가가 우상향하면서 기업들은 은행에서 마구 돈을 빌려 사업을 확대해 나갔습니다.

젊은이들이 대출을 받아 값비싼 자동차나 명품을 사는 일도 드물지 않았습니다. 엔화 강세를 배경으로 해외여행도 매우 증가했고, '재팬 머니Japan money'라는 말이 유행어가 되기도 했습니다.

당시의 가치관은 한마디로 소비가 미덕이었습니다. 많은 기업들은 자사 제품을 꾸준히 팔기 위해 광고를 뿌려댔고 사람들의 소비욕을 불러일으켰습니다. 그 결과 '자신의 기분을 최우선으로 여기는 풍조'가 만연하게 되었습니다. 내가 좋아하고 원하는 것이라면 남들이 뭐라 하든 신경 쓰지 않고 가지고 싶다는 욕망에 충실한 삶을 언론이 앞장서서 장려한 것입니다.

'내가 제일 예뻐', '내 기분에 충실한 삶이 멋지다', '진짜 나를 만나기 위해 여행을 떠나자'와 같은 광고 문구가 넘쳐났습니다. 지금에 와서 생각하면 상당히 유치한 사고방식이지만, 많은 사람들이 그런 풍조에 취해있었습니다.

1982년 리크루트에서 〈프롬 에이〉라는 구인지를 창간했습니다. 돌이켜 보면 이것도 상징적인 의미를 담고 있습니다. 자유Free와 노동자Arbeiter를 뜻하는 독일어를 합성해서 '프리터(아르바이트로만 생계를 유지하는 사람)'라는 말을 만들어낸 잡지이기 때문입니다. 회사에 취직하는 것보다 자유롭게 아르바이트만 해도 인생을 즐길 수 있다는 당시의 사회적 분위기를 잘 타면서 리크루트의 아르바이트 구인·구직 사업은 매우 큰 비즈니스로 성장했습니다.

이처럼 자신의 기분을 최우선으로 여기는 풍조는 사회전반적으로 확고히 자리 잡았습니다. 그리고 점차 '자유'에 대한 해석도 독선적으로 변해갔습니다. 자신의 기분을 최우선으로 여기는 풍조의 연장선상에서 결혼이나 육아를 자신의 자유를 제한하는 것이라고 생각하는 사람들이 나타나는 것도 지극히 당연한 수순이었습니다.

자신의 기분을 최우선으로 여기는 풍조는 내 욕심을 채우기 위해서는 무엇이든 해도 좋다는 조금은 유치한 감정입니다. 유아기 시절 품고 있던 전능감과 비슷한 감정입니다. 즉 거품경제 시기에는 전능감이 계속 이어질 것 같은 유아기적 환상이 사회 전체적인 분위기였습니다. 그 탓에 '자유에는 책임이 따른다', '권리에는 의무가 따른다'라는 소중한 관념을 잃어버리고 말았습니다. 어른이라면 반드시 지녀야 할 책임과 의무의 개념입니다. 자유와 책임, 권리와 의무는 동전의 양면과 같은 관계입니다.

개인의 '자유'를 주장하고 싶다면 반드시 그에 따르는 '책임'이 발생합니다.

개인의 '권리'를 주장하고 싶다면 반드시 그에 따르는 '의무'가 발생합니다.

그리고 책임과 의무는 어떻게 보면 남들에게 얼마나 '공헌'하고 있는지를 보여주는 척도가 되기도 합니다.

부모의 보살핌을 받는 아이는 의식주 보장이라는 자신에게 주어진 권리를 누리는 한편으로, 어느 정도의 연령에 도달하면 공부를 열심히 하거나 집안일을 돕는 등 가정에 대한 공헌이 요구됩니다. 그것은 세계 어느 나라에서나 또 어느 시대에서나 보편적인 현상입니다.

제가 '자립과 공헌'이라는 말을 조합한 것은 '자유와 권리', '책임과 의무'를 조합한 것과 같은 맥락입니다.

자립이란 무엇일까?

와다중학교에 부임하고서 가장 먼저 한 일은 교육 목표를 정하는 것이었습니다. 저는 와다중학교의 교육 목표를 '자립과 공헌'으로 내걸었습니다. 그 이유는 큰아들이 영국의 초등학교에 입학했을 때 얻었던 깨달음 때문이었습니다.

가족과 함께 영국에 살기 시작하고부터 우리 부부는 익숙하지 않은 영어를 사용하면서 새로운 일에 도전하고 있었습니다. 그런데 영국에서 인생의 어려움을 마주하고 있던 사람은 우리 부부뿐만이 아니었습니다. 네 살짜리 큰아들도 현지 초등학교에 입학해야 하는 일생일대의 어려움 앞에 홀로 던져져 있었던 것입니다.

큰아들이 영국 생활에 한시라도 빨리 적응하기 위해 필요한 것은 영어 회화였습니다. 영어를 잘 해야만 친구들이나 선생님과 의사소통을 할 수 있다고 생각한 저는 네 살배기 아들에게 하루빨리 영어로 말할 수 있게 재촉하고 가르쳤습니다. 하루 중 꽤 많은 시간을 보내는 학교에서 친구들이 하는 말을 알아듣지 못 하는 건 큰일이라고 생각했습니다.

제가 할 수 있는 모든 것을 했습니다. 입학 전에 영어 그림책을 잔뜩 사서 읽어주기도 하고, 간단한 영어 문장을 반복해서 말하기도 했습니다. 그러나 네 살짜리 아이가 드문드문 영어를 배운다고 해서 금방 말할 수 있게 될 리가 없습니다. 저희 부부는 걱정하면서도 잠자코 지켜볼 수밖에 없었습니다.

하지만 그 걱정은 기우에 그쳤습니다. 실제로 초등학교에 들어간 큰아들은 우리가 생각하지도 못한 방식으로 친구들과 소통하면서 자신의 자리를 찾아갔습니다. 영어 회화가 아니라 레고 블록의 방법으로 말입니다.

처음에는 아들도 친구들의 말을 전혀 알아듣지 못해 스트레스를 느꼈던 것 같습니다. 그러다 평소에 잘 가지고 놀아 익숙했던 장난감 레고 블록을 발견했습니다. 두 살 때부터 수시로 조립했던 레고 블록이어서 이미 집이나 자동차는 손쉽게 만드는 실력이 있었기에 자유롭게 작품을 만들었습니다.

입학한 지 두 달 정도 지난 후에 부모 수업 참관일에 학교에 가게 되었습니다. 아들이 만든 레고 비행기가 교실 뒤쪽에 크게 장식되어 있었습니다. 반 아이들도 아들을 레고의 달인으로 여기며 추켜세웠고, 쉬는 시간이 되면 싱글벙글 웃으며 아들과 함께 어울렸습니다. 가장 좋아하고 제일 잘하는 놀이가 영어 회화 이상으로 친구들과의 소통에 도움이 되었던 것입니다.

'나는 아무것도 모르고 있었군.'

어이없으면서도 아들이 자랑스러웠습니다. 영어만 강요하던 태도를 반성하는 동시에 아들의 장점을 면밀하게 찾아준 선생님께 감사함을 느꼈습니다.

학교에서 가장 중요하게 여겼던 교육 목표는 '자립 independence'과 '공헌 contributio'입니다.

독립심을 가지고 있는 아이, 남에게 공헌할 수 있는 아이로 키우기 위해 선생님들은 한 사람 한 사람의 아이들을 세심하게 관찰합니다. 담임선생님은 아들이 레고 블록을 만드는 힘으로 다른 아이들에게 공헌할 수 있다고 믿고 기다려 주신 겁니다. 사소한 사건이지만 이 체험으로 왜 영국에서 의회제 민주주의가 탄생했는지 이해할 수 있었습니다.

자립과 공헌은 민주주의의 기반이나 다름없습니다. 영국에서는 그 둘의 중요성을 이제 막 초등학교에 입학한 아이들에게도 가르치고 있었습니다. 나중에 일본에 돌아와 직접 교육에 종사하게 되면서 영국에서의 경험이 생생하게 떠올랐습니다. 자립과 공헌이 제 교육 이념의 핵심이 된 것은 이러한 연유에서입니다.

이 일을 계기로 와다중학교의 교육 목표를 자립과 공헌으로 정했습니다. 모든 교실에서 가장 눈에 띄는 장소에 교육 목표를 걸어두었습니다. 와다중학교의 개혁은 거기에서부터 시작한 것입니다.

일단 '공헌'이 먼저고 '자립'이 나중입니다. 즉 '공헌함으로써 자립할 수 있다'는 점을 전제로 합니다. 다른 사람에게 기여할수록 스스로 자립할 수 있다는 메시지를 담고 있습니다.

자립이란 말은 문자 그대로 '스스로 선다'는 뜻입니다.

경제적 자립, 정신적 자립, 사회적 자립을 모두 갖추는 것이 바람직하지만, 중학생이나 고등학생은 경제적으로 자립하기 어렵습니다. 의식주를 부모에게 의지해야 할 수밖에 없는 시기이지만, 그래도 중고등학교 시절부터 자립의 정신을 스스로 키워가는 것이 중요합니다.

그러기 위해서는 무엇보다 공헌을 먼저 해야 합니다. 너무 어려운 일을 할 필요는 없습니다. 예를 들어, 짝꿍이 지우개를 떨어뜨리면 주워서 건네주는 것도 훌륭한 공헌입니다. 선생님이 말씀하신 것에 대해 질문하는 것도 수업에 공헌하는 것이나 다름없습니다.

일단은 주변의 한 사람에게 공헌하고, 뒤이어 주변의 여러 사람에게 공헌하고, 그다음에는 자신이 소속된 커뮤니티에 공헌하는 식으로 공헌의 범위를 넓혀가는 겁니다.

그러다 보면 '자연재해가 일어났을 때 지역 어르신의 안부를 빠르게 확인하는 방법은 없을까? 지역의 소방서와 협력하는 방법이 있을지도 몰라'라는 식으로 지역사회에의 공헌까지도 시야를 넓힐 수 있습니다. 물론 자립과 공헌의 정신이 요구되는 것은 학생들뿐만이 아닙니다.

'공헌하라, 그리고 자립하라.'

오히려 정년을 맞이해서 새로운 삶을 시작할 때일수록 자립과 공헌의 정신을 마주할 필요가 있다고 생각합니다.

보편적 가치를
추구하자

라오스에 학교를 세우다

60세 이후에 자립과 공헌을 실천하는 길에 접어든 한 분을 소개합니다.

다니가와 히로시谷川洋는 1943년생으로 도쿄대학 경제학부를 졸업한 후 마루베니 주식회사에 입사해 업무추진부장과 관련 자회사 임원 등을 지냈습니다. 50세가 넘었을 무렵 부인이 암에 걸렸습니다. 다니가와는 해외 지점장으로 부임이 결정된 상태였지만, 그 자리를 거절하고 부인의 간병에 전념하기로 했습니다. 자신의 의지로 출세 코스에서 벗어난 셈입니다. 4년 반에 이르는 투병 생활 끝에 부인이 숨을 거두었고, 다니가와는 회사로 돌아가 60세 정년을 채웠습니다.

2004년에 퇴직한 다니가와는 인생을 완전히 전환하기로 결심합니다. 그 계기는 어느 날 일본재단에서 근무하던 후배가 베트남, 태국, 라오스 등 동남아시아 국가에서 학교를 세우는 NPO를 차리고 싶은데, 운영할 만한 사람을 소개해 달라고 상담을 요청한 것입니다.

"적합한 사람이 네 눈앞에 있잖아!"

다니가와는 망설임 없이 그렇게 대답했다고 합니다. 그런 운명의 만남을 거쳐 다니가와는 AEFA(NPO법인 아시아교육우호협회)를 설립하게 되었습니다.

다니가와는 베트남을 중심으로 태국, 라오스 등 동남아시아 국가에 일본재단의 자금으로 차례차례 학교를 건설했습니다. 그와 동시에 개인으로부터 받은 기부금도 모아 협회의 경제적 기반을 다져나갔습니다. 오랫동안 회사에서 근무한 경험을 살려 지금까지 300곳 이상의 학교를 세우는 데 성공했습니다. 게다가 반수 이상은 개인의 기부로 건설 비용을 조달했습니다.

학교를 차리는 건 굉장한 부자나 기업들만 할 수 있는 일이라고 생각하는 사람도 적지 않을 것입니다. 분명히 학교를 설립하려면 어마어마한 자금이 필요합니다. 토지 취득 비용과 건물 건설 비용도 필요합니다. 게다가 교사 월급 같은 인건비나 교재비의 지원도 있어야 합니다. 그러나 동남아시아 국가들에서는 우리가 생각하는 큰 금액보다 작은 자금으로도 학교를 지을 수 있습니다.

늘어나는 아이들의 수에 비해 공립학교가 적고 또 노후화된 학교 건물도 많습니다. 그것이 동남아시아 국가들의 현 상황이며, 아시아 국가 중에서도 경제 발전이 더딘 라오스에서는 학교 건설이 매우 시급합니다. 라오스에 학교를 건설하면 라오스 정부로부터 감사의 인사를 받을 뿐 아니라 지역 학부모와 어린이들에게도 큰 호응을 얻습니다. 기부자의 이름이 명판에 새겨지고, 개교식에 참석하면 감사의 종교 의식이 거행됩니다. 그만큼 학교는 그 지역사회에서 희망의 상징인 셈입니다.

학교가 세워지는 것은 소수민족들도 참여할 수 있는 지역 커뮤니티의 거점이 생긴다는 말과 같습니다. 그렇게 교육받은 아이들이 성장하면 위생에 대한 인식이 지역 전체적으로 높아지고 영유아 사망률도 낮아집니다. 또 진학률이 높아지면 그동안 부모 세대처럼 소규모 농업밖에 살 길이 없었던 아이들이 교사, 공무원, 경찰이라는 다양한 직업을 가질 수 있습니다.

그 아이들이 커뮤니티로 돌아오면 산업이 진흥되고 지역이 활성화되어 지역 전체의 행복도가 상승하는 선순환이 일어납니다. 그것을 위해 첫 번째로 할 일이 학교 짓기입니다. 교육이야말로 국가의 초석을 닦는 일입니다.

다니가와는 건물만 짓는 데 그치지 않고, 개교 후에도 학교의 발전에 깊이 관여했습니다. 저도 그런 다니가와의 활동에 감명받고 즉시 라오스로 시찰을 가서 제 눈으로 현장의 요구 사항들을 확인했습니다. 그리고 다니가와의 활동을 적극적으로 후원하기로 결정했습니다. 그것이 2015년 3월의 일입니다.

60세부터 시작되는 자립과 공헌

그해 가을, 60세가 되는 저는 스스로 환갑 기념 파티를 열었습니다. 칼럼에서도 언급했듯이 저의 두 번째 성인식 이었습니다.

파티의 막바지에 제가 후원하는 사업의 대표들에게서 프레젠테이션을 받았습니다. 다니가와도 AEFA가 라오 스에서 진행하고 있는 학교 건설에 대해 이야기했습니다. 다니가와의 프레젠테이션이 끝날 즈음에 저는 파티장을 향해 라오스에서의 학교 건설에 자금을 제공할 기부자가 없는지 물어보았습니다. 파티장에 있던 약 150명의 지인 들 중에 한 사람이 번쩍 손을 들었습니다. 오랫동안 맥킨 지의 일본 지사장을 맡다가, 현재는 비즈니스 브레이크스 루 대학의 학장을 맡고 있는 오마에 겐이치였습니다. 그 자리에서 무려 수백만 엔의 기부를 즉시 결정해 주었습 니다. 오마에의 기부액은 그 후 라오스 마크나오초등학교 건설비로 충당되었습니다.

그 외에도 다니가와의 프로젝트에 참여하기로 결정해

준 사람이 몇 명 더 있습니다. 그중에서 건설 예정인 학교 리스트의 전단지를 보고 그 자리에서 하겠다고 응해준 사람이 야후의 CEO 카와베 켄타로입니다.

"기부는 둘째 치고 라오스에 가보고 싶은 사람은 없나요?"

제가 파티장을 향해 재차 물었더니 몇 명이 그 뜻을 따르기로 했고, 그 사람들과 함께 현지를 방문해서 봉사활동을 했습니다. 다니가와의 활동에 협력하기 시작한 이후 현재까지 제가 관여한 라오스의 학교는 13곳입니다. 현재도 저는 지인들과 함께 해외에 학교나 독서실을 지속적으로 만들고 있습니다.

여기서 주목해야 할 점은 다니가와의 도전이 '60세부터 시작되었다'는 사실입니다.

제1장에서 소개한 '3포인트 마법진'은 3개의 점을 만들어야 완성됩니다. 바로 그 세 번째 점은 60세부터 만들기 시작해도 늦지 않습니다. 그리고 세 번째 점을 찾는 요령은 다니가와처럼 머릿속에 '!'가 떠오르는 놀라운 일인

동시에 누구나 응원하고 싶어지는 보편적인 가치를 추구하는 일입니다.

다니가와가 내건 깃발 아래로 많은 사람들이 모인 이유는 그의 활동이 사회적인 공헌으로 이어지기 때문입니다. 2019년까지 동남아시아 국가에 총 304개의 학교를 건설한 다니가와가 기부금으로 받은 금액이 총 12억 엔 이상이라고 합니다.

여러분도 앞으로 내걸게 될 인생의 깃발에 얼마나 공헌이 포함되어 있을지 잘 생각해 보시길 바랍니다.

세대를 뛰어넘는 교제

공헌은 지역 활동에서도 중요한 의미를 지닙니다.

와다중학교에서 진행한 개혁의 근본은 개별 학생들에게 친밀하게 다가서는 것이었습니다. 그러기 위해서 지역 본부를 설립해 지역사회의 어른이나, 교사를 목표로 삼는 대학생들을 모집한 것입니다. 학교 교사만으로는 개별 학생들에게 충분한 지원을 할 수 없기 때문입니다.

지역본부에 참가하는 어른들은 토요 배움터에서 학습 직원 역할을 담당합니다. 그와 동시에 일주일에 한 번 열리는 세상학과 수업에서는 아이들과 대등한 입장에서 토론하는 학생의 한 사람이 되는 겁니다. 수학 보충 학습과 영어 특별 과정 등 토요 배움터의 운영은 지역 어른들의 도움 없이는 불가능했습니다.

지역의 활동적인 어른들과 중학생이 뒤섞여 토요일에 함께 시간을 보내는 것은 뜻밖의 효과도 가져왔습니다. 그중 하나가 재난 발생 시 대피소로 재빨리 대피할 수 있게 된 것입니다. 지진, 태풍 등의 자연재해가 발생했을 때 학교는 지역 주민의 피난처가 됩니다.

지역 주민들이 토요 배움터와 세상학과에 참여하기 위해 학교를 자주 찾게 되면서 교실 배치와 설비에 익숙해졌고, 그만큼 비상시에 학교 내 대피소에 찾아가기가 쉬워진 것입니다. 어느 날 스기나미구의 모든 초중학교에서 대피 훈련을 실시했을 때 가장 먼저 대피를 완료한 곳이 바로 와다중학교였습니다.

이렇게 토요 배움터와 세상학과 수업을 통해 학생들과 지역 어른들과의 일상적인 교류가 생겨났습니다. 자연재해 상황에서 학생들은 도움을 받는 쪽이 아니라 도와주는 쪽이 될 수도 있습니다. 와다중학교에서는 큰 지진이 일어났을 때를 가정해서 다양한 훈련을 실시하고 있습니다. 그 훈련에서는 자신들이 안전한 장소로 대피하는 것은 물론, 지역 소방단과 협력해서 노인들의 안부를 확인하고 대피하는 것을 돕기도 합니다.

평소부터 긴급 상황을 대비해 훈련함으로써 중고등학생도 지역사회에 공헌할 수 있도록 기회를 제공하는 것입니다. 학교를 중심으로 희미해져가는 지역사회를 복구하고, 학습 커뮤니티를 새로 정립한다는 대처법이 지역의 사회적 안전도를 높여주었습니다.

그 밖에도 학교를 지역사회에 개방하는 정책은 다양한 효과를 낳았습니다. 지역 어른들과 중학교 학생들과 교사들 사이의 소통이 활발해지면서 지역 전체의 지적 수준이 높아진 것도 그중 하나입니다. 학생들은 어른을 본받으려 하는 습성이 있습니다. 부모가 아무것도 하지 않으면서 아이에게만 공부를 강요하는 것은 설득력이 없습니다. 하지만 공부의 즐거움을 몸소 보여주는 어른들을 옆에서 지켜볼 수 있다면 학생들은 스스로 공부를 찾아서 하게 됩니다. 어른들이 배우는 모습이야말로 학생들에게는 최고의 교재인 것입니다.

대각선의 새로운 관계

학교를 지역의 중심으로 삼아 어른들과 학생들 사이의 교류의 장을 마련하는 것은 아이들에게 '대각선의 관계'를 되찾게 한다는 의미도 있습니다.

아이들에게 부모나 선생님과의 관계는 상하의 수직적인 '세로의 관계'이고, 또래 친구들과의 관계는 수평선인 '가로의 관계'입니다. 이에 비해 지역사회의 주변 어른들과의 관계는 '대각선의 관계'라고 합니다. 대각선의 관계는 아이들의 사회성 발달에 커다란 영향을 끼치는 것으로 알려져 있습니다. 아이들의 올바른 성장을 위해서는 이 관계가 매우 중요합니다.

아이들은 사춘기가 되면 부모나 선생님 같은 세로의 관계에서 내려지는 명령과 지시에 반항심을 가지게 됩니다. 이는 어른이 되기 위해 꼭 필요한 반항심입니다. 그러나 아무리 반항심이 솟구쳐도 아직 어린 학생은 올바른 판단을 내릴 만한 지혜나 경험이 부족하다는 사실을 스스로도 잘 알고 있습니다.

그래서 학교생활의 고민이나 장래 진로에 대한 고민이 생겼을 때 평소에 친하게 지내는 친구들, 즉 가로의 관계와 상담합니다. 하지만 친구와 상담해도 큰 도움이 되는 답변을 얻지는 못할 것입니다. 자신과 비슷한 처지, 비슷한 문화 속에서 생활하는 친구들은 넓은 시야로 문제를 해결하지 못하기 때문입니다.

그럴 때 자신과 직접적인 이해관계가 없는 동네 형이나 언니, 동네 아저씨나 아줌마, 동네 할아버지나 할머니 등 대각선의 관계에 있는 주변 사람들과의 소통이 아이에게 커다란 도움이 되는 경우가 많습니다. 아이들보다 오래 살아서 더 풍부한 경험을 가지고 있으면서도, 아이들에 대해 객관적인 입장을 유지할 수 있기 때문입니다. 대각선의 관계에 있는 사람들의 조언에는 아이들도 쉽게 납득하는 경우가 많습니다.

60대 어른들이 어렸을 때는 지역사회 곳곳에서 자연스럽게 대각선의 관계가 형성되었습니다. 하지만 핵가족화가 정착된 현재 도시 지역에 사는 아이들에게는 대각선의 관계를 얻을 기회가 거의 사라졌습니다. 자신을 평가하는 것은 부모와 교사뿐입니다. 그래서 자신감과 자존감이 낮은 아이들이 늘어나고 있는 것입니다.

눈앞에 안개가 낀 듯한 상황에서도 용기를 내어 인생을 내딛기 위해서는 근거 없는 자신감이 필요합니다. 그리고 아이에게 근거 없는 자신감을 심어주는 가장 좋은 위치에 있는 사람이 바로 대각선의 관계에 있는 지역 어른들입니다.

선생님 이외의 어른이 가르치는 쪽이 아니라 자신과 같은 배우는 쪽에 서 있을 때, 중고생 연령대의 학생들에게 그 어른은 바로 대각선의 관계에 위치한다고 할 수 있습니다. 이 관계에 위치한 어른들은 지역의 아이들을 지키고, 치유하고, 때로는 용기를 북돋아 주는 역할을 맡을 수 있습니다. 이렇게 해서 지역의 학교는 서로가 서로에게 공헌할 수 있는 장소로서 큰 가능성을 내포하고 있습니다.

만약 여러분이 60세부터 새로운 삶을 시작하려고 한다면 망설이고 말고 지역 학교나 어린이집처럼 아이들이나 학생들과 소통하며 기여할 수 있는 방법을 찾아보는 것도 좋은 선택이 될 수 있습니다. 어린아이나 학생들과 의사소통을 하면서 새로운 삶의 목표를 발견할 수 있을지도 모릅니다. 분명 여러분이 무언가를 배우려는 자세는 아이들의 자주성을 키우는 데 도움을 줄 것입니다.

작은 도전이 불러온 나비효과

학교를 건설하거나 학교 활동에 참여한다는 것을 지금까지 한 번도 생각해 본 적이 없는 사람도 많을 것입니다.

모든 아이디어는 한 요소를 다른 요소와 곱해서 나오는 것입니다. 여러 가지를 곱하다 보면 뜻밖의 아이디어가 생겨납니다. 그것이 제1장에서 설명한 '정보 편집 능력'이며, '곱셈'의 묘미입니다. 자신과 학교를 곱한다면 무엇이 생겨날까요? 상상만 해도 즐거워지지 않나요?

성숙사회는 점차 '모두 함께'에서 '각자 따로'라는 흐름으로 진행됩니다. 앞으로의 사회에서는 자신과 다른 문화적·역사적 배경을 가지는 다른 생각의 사람들과 어떻게 곱셈을 할지가 관건입니다.

여러분이 40년 가까이 한 회사에 근무했더라도 그 회사를 떠나는 순간, 회사는 여러분의 존재를 잊어버립니다. 회사는 누군가를 기억하기 위한 집단이 아니고, 어떤 목표를 이루기 위해 존재하는 집합체이기 때문입니다. 여러분이 떠난 자리는 그 기능을 수행할 다른 누군가로 채워질 뿐입니다. 회사가 기억하는 사람은 창업자뿐입니다. 아니, 그 창업자마저도 회사의 주인이 바뀌면 까마득히 잊혀집니다.

앞으로의 시대를 사는 사람은 스스로의 삶을 기억하는

장치를 만들어 나가야 합니다. 그것이 바로 가족과 주변의 커뮤니티입니다. 커뮤니티는 도전과 실패가 허용되는 최소 단위의 사회 집단입니다. 그리고 새로운 커뮤니티에 참여할 때 가장 중요한 마음가짐이 자립과 공헌입니다. 공헌함으로써 새로운 자신이 구축되어 갑니다.

공동체에서의 만남을 통해 사람은 그곳에서 삶의 흔적을 새길 수 있습니다. 공헌은 작은 조각부터 시작하면 됩니다. 사소한 조각과 조각이 이어짐으로써 새로운 가치가 탄생합니다.

한 노래에 다음과 같은 가사가 있습니다.

'만남은 항상 우연의 바람 속에서. 만남의 조각이 인생을 바꾸어 간다.'

당신이 만든 자그마한 조각으로 인생이 바뀌는 친구가 나올지도 모릅니다. 비록 당신이 깨닫지 못하더라도, 당신이 만들어낸 조각은 반드시 커뮤니티에 있는 누군가에게 영향을 미칩니다.

사소한 대화 속에서, 지나치는 만남 속에서, 집단 속에서 예상치 못한 화학변화가 일어납니다. 눈에 보이지 않는 DNA의 재조합 같은 것입니다. 당신에게 평생 감사할 사람이 나타날지도 모릅니다. 그러한 만남의 사슬 속에 당신의 삶이 새겨져 가는 것입니다.

누군가에게 무언가를 해달라고 할 것이 아니라, 먼저 자신이 남들에게 무엇을 해줄 수 있을지 고민해 보세요. 그러한 자립과 공헌을 통해 언젠가 당신이 삶을 마감한 후에도 커뮤니티 안에서 여전히 그리운 사람으로 기억될 것입니다.

당신만의
학교를 지어라

65세 이후의 신규 사업

마지막으로 제가 현재 도전하고 있는 사업을 소개하겠습니다. 여러분에게 60세 이후의 삶을 활기차게 살기 위한 방법을 지금까지 열심히 추천하고 응원했는데, 정작 제가 실천하지 않는다면 설득력이 없으니까요.

2020년 가을, 65세가 된 시점에 '알람 조례'라는 이름의 유튜브를 시작했습니다. 이듬해 2021년 1월부터는 '조례만 하는 학교'라는 온라인 학교를 열었습니다. 지난

50년간 쌓은 교육의 식견과 기술을 모두 투입한 신규 사업으로 스스로 자립과 공헌을 실천하기 위한 공간이기도 합니다.

이 커뮤니티의 목표는 교육 개혁입니다. 콘셉트는 '1만 시간 동안 몰입하는 당신만의 무대'입니다. 정답이 없는 시대에 참가자들끼리 교사와 학생이 되어 서로에게 배워나가는 자리가 되도록 하는 것이 목표입니다.

수업은 온라인으로 진행하며 매일 아침 6시 54분부터 동영상으로 강의를 전달합니다. 아직 시작한 지 얼마 되지 않은 학교이지만, 10대부터 80대에 이르는 400명 이상의 학생들이 열심히 배움을 이어가고 있습니다. 여기에는 교육 관계자뿐만 아니라 직장인, 주부, 중학생, 정부 중추에서 일하는 관료까지 다양한 계층의 사람들이 참여합니다. 또 커뮤니티 특유의 폐쇄적인 공간이 아니라, 무사시노대학 앙트레프레너십학부의 학생 70명을 유학생으로 받아들이는 등 외부와 교류하는 다양한 방법을 채택하고 있습니다.

독서를 좋아하는 사람들과 글 쓰는 사람들이 모여 있

다는 것도 이 학교의 특징입니다. 초등학생, 대학생, 사회인까지 읽고 쓰는 훈련의 장으로서도 훌륭히 기능하고 있습니다. 이 책 역시 조례만 하는 학교에 모인 60세 전후의 학생들로부터 피드백을 받아가며 집필했습니다.

제가 생각하는 커뮤니티는 뇌가 이어지는 곳입니다.

조례만 하는 학교는 참가자 개개인의 정보 편집 능력을 높이고, 1만 시간을 들여 기술을 연마하고, 스스로의 희소성을 100만 명 중 1명의 영역까지 높이기 위한 장소입니다. 그곳에 모인 사람들의 뇌가 연결됨으로써 상상도 하지 못한 새로운 프로젝트가 탄생할 것입니다. 그 미래를 믿고 제 시간과 에너지를 이 학교에 쏟고 있습니다.

최종적으로 제가 기대하는 목표는 참가자들이 언젠가 자신만의 학교를 개교하는 것입니다. 그렇게 되면 제가 뿌린 씨앗이 몇 배, 몇 십 배로 세상에 퍼져나갈 것입니다. 그러기 위해서 저는 수입과 지출 등 운영 방법도 투명하게 공개해서 참가자 개개인에게 자신만의 학교를 개교하는 데 도움을 주려고 합니다.

이미 온라인 커뮤니티 만들기라는 새로운 1만 시간을

시작했습니다. 우선 5년 동안은 열심히 달려볼 생각입니다. 조례만 하는 학교의 참가비는 월 1,000엔입니다. 너무 싼 금액으로 놀랄 만한 가격 책정입니다. 누구라도 참여할 수 있도록 했습니다. 설령 신청자가 몰려서 매출이 예상액을 초과하더라도 제 수입으로 삼을 생각은 없습니다. 이 사업으로 얻은 이익은 조례만 하는 학교에 재투자하거나, 아내가 오랫동안 봉사하고 있는 '사회복지법인 어린이학대방지센터'에 기부할 생각입니다.

조례만 하는 학교의 온라인 교문으로 꼭 한번 들어와 보세요. 그리고 자립과 공헌이 주는 뿌듯함을 실감해 보시길 바랍니다. 엄격한 규칙으로 인해 다른 사람의 비난이나 공격을 받는 일도 없기 때문에 안심하고 발언할 수 있습니다. 자신의 희소성을 높이는 도전에 함께 참여해 주세요.

DA·DA·DA의 리듬

마지막으로 여러분에게 60세 이후의 인생을 위한 주문을 알려드리겠습니다.

그것은 바로 'DA·DA·DA'입니다.

직장인 경험이 있는 사람이라면 'PDCA 사이클'이라는 개념을 잘 아실 것입니다. 관리 업무를 정확하고 원활하게 진행하기 위한 개념입니다. PDCA의 순서대로 프로젝트를 끝까지 진행하면 다시 처음의 계획으로 돌아갑니다. 이 사이클을 반복하면서 사업이나 프로젝트의 정밀도를 높여가는 방식입니다.

Plan = 계획

Do = 실행

Check = 평가

Act = 개선

이 관리 사이클은 일을 정확하게 수행하는 데 보편적

으로 통용되는 방식입니다. 그러나 사회의 속도가 빨라진 현대에는 PDCA의 네 단계를 매번 밟다가는 눈 깜짝할 사이에 변화에 뒤처지게 됩니다.

그보다는 실행하면 바로 개선하고, 개선안을 다시 실행으로 옮기고, 또다시 바로 개선하는 것을 반복해야 합니다. 'Do→Act→Do→Act→Do→Act', 즉 'DA·DA·DA'의 리듬으로 바꿀 필요가 있습니다. 저는 이것을 'DA·DA·DA'의 무한 사이클이라고 부릅니다.

일을 실행하면 처음 기세 그대로 DA·DA·DA를 밀어붙여서 세 번 개선을 시도합니다. 만약 결과가 좋지 않으면 그 프로젝트에서 바로 손을 떼면 됩니다. 이처럼 DA·DA·DA의 리듬은 프로젝트의 전망을 판별하는 데 매우 효과적입니다.

반대로 세 번의 수정을 반복해서 가능성을 느낀다면 백 번이든 천 번이든 끊임없이 개선해 나갑니다. 세계적인 자동차 제조사인 토요타에서는 공정에 문제가 생겼을 때 '왜?'라고 다섯 번 묻는 것이 기업 문화로서 정착했습니다. 이것도 Do와 Act, 즉 실행과 개선을 다섯 번 거듭하는 수정주의의 한 방법일 것입니다.

일단 시작하라

이러한 수정주의를 철저히 실행해서 세계적으로 크게 성장한 기업의 대표적인 예가 스타벅스입니다.

현재 스타벅스는 맛있는 커피와 샌드위치를 즐길 수 있는 카페로 전 세계 국가들에 정착했습니다. 최근에는 컴퓨터를 가지고 가서 일하거나 독서하는 공간으로도 사랑받고 있습니다. 거래처와의 미팅 장소로 활용하는 사람도 있습니다.

스타벅스 하면 선진적이고 세련되며 친근한 점원과의 소통을 떠올리는 사람도 많을 것입니다. 그런데 1980년대 미국 스타벅스는 지금과는 매우 다른 콘셉트의 가게였다는 사실을 알고 있나요?

1982년 스타벅스에 입사해 훗날 회장이 된 하워드 슐츠Howard Schultz는 이탈리아 여행을 하다가 현지 에스프레소와 커피 문화에 감명을 받아 스타벅스의 콘셉트를 떠올립니다. 당초에 슐츠가 목표로 한 것은 완벽한 이탈리안 카페였습니다. 이탈리아의 카페처럼 서서 마시는 스타일로 에스프레소를 마시면서 시가를 피워야 할 것 같은 가게로, 음악도 이탈리아의 오페라가 흘렀습니다.

그리고 오랜 세월 동안 스타벅스를 찾는 고객들의 모습을 유심히 관찰하면서 현재와 같은 스타일로 수정해나간 것입니다. 스타벅스의 지금 모습은 수정에 수정 그리고 또 수정에 수정을 거듭한 결과입니다.

수정주의에서 중요한 것은 우선 실행하는 것입니다.

실행해서 결과를 얻지 못한다면 무엇을 수정해야 할지 모르기 때문입니다. 답이 없는 불투명한 시대이기 때문에 DA·DA·DA의 무한 사이클로 밀어붙이는 삶의 방식이 중요합니다. 실패하더라도 즉시 개선할 수 있다면 큰 피해를 입지 않을 것입니다. 그렇다면 실패하더라도 한 걸음 내디뎠다는 큰 의미가 있습니다.

우리 사회의 많은 조직은 지금까지 '정답만 추구하는

사상'에 얽매여 있었습니다. 실수를 하면 경력에 흠집이 생기고 승진하지 못 하는 경우가 많았습니다. 그런 조직에서는 한방에 정답을 맞히려고 하기 때문에 사업을 계획하는 데만 2~3년 들이는 것이 보통이었습니다. 하지만 그만큼의 시간을 들여서 준비하더라도 사업이 잘 되리라는 보장은 전혀 없습니다. 그러면 아무도 책임지지 않은 채 또 다음 사업에 도박을 걸게 됩니다. 그런 방법이 지금껏 통용되어 왔지만 앞으로는 시대에 뒤처진 방법이 될 것입니다. 구글이나 애플 같은 세계적인 거대 IT 기업들도 수정주의로 제품을 개발하는 것이 상식입니다.

일단 시작하고 행동해 보세요. 그리고 조금씩 수정하면서 나아가면 됩니다. 여러분도 이런 방식으로 남은 인생을 개척할 수 있습니다.

2020년 코로나 팬데믹은 세상의 가치관을 크게 바꿔 놓았습니다. 당장 내일 어떤 사태가 벌어져도 이상하지 않은 시대가 온 것입니다. 앞으로도 코로나 팬데믹에 버금가는 사태가 몇 번이고 일어날 것입니다. 국제 정세가 불안정하고 기후 변화 문제가 심각하게 거론되는 요즘에는 10년이나 100년에 한 번쯤 일어날 법한 대변화가 매년 일어날 가능성도 있습니다.

그렇기 때문에 이런 혼란스러운 시대에 사는 우리는 수정주의의 DA·DA·DA 사이클을 돌리는 것이 중요합니다. 1년 단위가 아니라 일주일이나 하루 단위로 꾸준히 이 사이클을 돌리면서 계획을 실행하고 개선을 거듭해야만 급격하게 변화하는 시대를 헤쳐나갈 수 있습니다.

DA·DA·DA!

이 리듬을 몸속에 잘 새겨 넣어 실천하고 나아가길 바랍니다. 실행하고 수정하는 리듬이 습관화되면 분명히 당신의 인생에 즐겁고 유연한 변화가 일어날 것입니다.

PART 5. 가치의 발견

약 60만 시간의 인생을 알차게 보내는 방법

· 보편적 가치를 추구하자

· 커뮤니티에 가입하자

· DA·DA·DA의 리듬을 기억하자

60세부터는 보편적 가치를 추구하고 사회에 기여할 수 있는 방법을 찾아보세요. 작은 것부터 시작하면 됩니다. 이때 가장 중요한 마음가짐은 자립과 공헌입니다.

인생의 즐겁고 유연한 변화가 일어나며 새로운 목표를 찾을 수 있습니다. 지금까지와는 전혀 다른 삶의 흔적은 여러분을 그리운 사람으로 기억할 것입니다.

에필로그

'인생은 곱셈이다.'

이 책을 다 읽은 당신은 이제 이 말의 의미가 다르게 느껴지는 걸 실감했을 겁니다. 저는 일관되게 '곱셈의 중요성과 기술'에 대해 이야기했습니다.

제1장을 다시 떠올려볼까요?

3포인트 마법진에서 삼각형의 면적을 넓히는 방법은 희소성을 키우는 것입니다. 삼각형에 자신의 철학이 담긴 깃발을 꽂고 최대한 높입니다. 그리고 삼각형의 밑면은 그대로 두고 깃발의 꼭대기를 꼭짓점으로 삼아 피라미드를 만들어 봅니다. 피라미드의 부피가 인생 전체의 신용도를 나타냅니다.

제2장에서 신용의 중요성에 대해 자세히 설명했습니다.

또 피라미드 하면 잊지 말아야 할 것이 바로 '아름다움'입니다. 이집트의 피라미드는 건설 당시에는 지금처럼 돌계단 모양이 아니라, 표면 전체가 하얀 석회석 판으로 뒤덮여 매끈한 각뿔 모양이었다고 합니다. 햇빛을 받으면 몇 킬로미터 떨어진 곳에서도 은빛으로 빛나는 모습이 뚜렷하게 보였다고 합니다.

시대를 거치면서 약한 외장은 떨어지고 석회석을 다른 용도로 사용하면서 과거의 모습은 사라졌습니다. 하지만 당시 사람들의 눈을 사로잡았던 피라미드는 분명히 아름다웠을 것입니다.

우리 삶의 피라미드도 마찬가지입니다. 3포인트 마법진의 깃발을 높이려면 미의식과 철학이 매우 중요합니다. 아름다움에 대한 의식과 통찰력이 없는 곳에는 사람들이 모이지 않는 법입니다.

제3장에서는 인간관계의 법칙을 이야기했습니다.

60세는 인생의 무대가 다시 시작되는 나이로 인간관계

역시 재정비해야 합니다. 다른 사람과 공통의 프로젝트를 세우고 다양성을 존중하며 창조적인 관계를 구축하길 바랍니다.

제4장에서는 죽는 방식을 스스로 결정하는 산맥 형태의 에너지 곡선에 관해 이야기했습니다. 사실 이 책에서는 일관되게 '자신이 죽을 장소를 스스로 만든다'는 삶의 방식을 설명하고 있습니다. 피라미드는 단 한 사람의 힘으로는 건설할 수 없습니다. 많은 사람들을 끌어들여 협력을 구해야 합니다.

제5장에서 언급한 다양한 사례를 참고해서 커뮤니티에서 알게 된 사람들과 함께, 부디 당신만의 피라미드를 하늘 높이 쌓아올리길 바랍니다.

'조례만 하는 학교' 교장

후지하라 가즈히로